Osterfreude

Osterfreude

Ein heiteres Frühlingslesebuch

benno

Bibliografische Informationen der Deutschen Nationalbibliothek
Die Deutsche Nationalbibliothek verzeichnet diese Publikation in
der Deutschen Nationalbibliografie;
detaillierte bibliografische Daten sind im Internet über
http://dnb.d-nb.de abrufbar.

Besuchen Sie uns im Internet unter:
www.st-benno.de

ISBN 978-3-7462-2684-2

© St. Benno-Verlag GmbH
04159 Leipzig, Stammerstr. 11
Zusammengestellt von Volker Bauch
Umschlaggestaltung: Ulrike Vetter, Leipzig, unter
Verwendung einer Illustration von Franzisca Franke-Walther
Gesamtherstellung: Kontext, Lemsel (A)

Inhaltsverzeichnis

Frühlingserwachen

Frohe Ostern

Komm holder Mai

Frühlingserwachen

Mit dem eintretenden Frühjahr
kommt die Heiterkeit und der Lebensmut zurück,
und so wie die Erde der Sonne,
öffnet sich auch die Seele der Freundschaft wieder.

FRIEDRICH SCHILLER AN GROSS, WEIMAR, 2.4.1805

Der Lenz verschiebt
seine Premiere

ERICH KÄSTNER

Theater unten und Theater oben:
Erst kam die Sonne täglich zu den Proben,
und die Premiere war schon festgesetzt.
Da wurde sie (man kennt das ja) zuletzt
auf gänzlich unbestimmte Zeit verschoben.

Die kleinen Sträucher steh'n gekränkt im Garten.
Komparserie muss eben immer warten.
Die Sonne, heißt es, sei indisponiert.
Das Stück vom Lenz wird später aufgeführt.
Was machen wir nun mit den Eintrittskarten?

Am Himmel hingen schon die ersten Geigen.
Die Veilchen übten sich schon im Verneigen.
Doch weil die Sonne noch nicht scheinen will,
spielt man derweil das alte Stück »April« –
so einen Schmarren wagt man uns zu zeigen!

Die Damen ließen sich bereits die netten
getupften Premierenkleider plätten.
Die dicken Herren riefen »Gott sei Dank!«
und feuerten die Westen in den Schrank.
Und liegen jetzt mit Schnupfen in den Betten.

Wir führten unser Herz zu früh spazieren.
Nun regnet es. Und die Gefühle frieren.
Denn sie sind ohne Schirm. Und sind verwaist.
Fast wie ein Kind, das ganz vergaß, wie's heißt.
Man kann Geduld wie einen Knopf verlieren ...

Mich lässt es kalt. Und wenn es morgen schneit,
der Frühling kommt schon noch. Ich habe Zeit.
Dass man den Lenz verschiebt, ist nicht so wichtig.
Hauptsache ist, die Aufführung wird richtig!
Denn – »die Billetts behalten Gültigkeit«.

Kleine Frühjahrsreinigung

EPHRAIM KISHON

Vor dem Passah- oder auch Pessach- oder auch Überschreitungsfest, das zur Erinnerung an unserenersten Auszug aus Ägypten gefeiert wird, säubern die orthodoxen Juden ihr Haus vom Keller bis zum First, um alle Spuren von Gesäuertem zu vertilgen. Da meine Familie und ich nicht zur orthodoxen Klasse zählen, tun wir nichts dergleichen. Was sich bei uns abspielt, möge aus den folgenden Seiten meines Tagebuches hervorgehen.

Sonntag. Heute beim Frühstück sprach die beste Ehefrau von allen wie folgt: »Pessach oder nicht – die Zeit der Frühjahrsreinigung ist gekommen. Aber heuer werde ich deswegen nicht das ganze Haus auf den Kopf stellen. Großreinemachen kostet nicht nur sehr viel Arbeit, sondern auch sehr viel Geld. Außerdem könnte es Rafis Wachstum gefährden. Wir werden also – da wir ja ohnedies ein sauberer Haushalt sind und nicht nur einmal im Jahr unter religiösen Vorwänden für Sauberkeit sorgen – nichts weiter tun, als gründlich Staub wischen und aufkehren. Von dir verlange ich nur, dass du zwei neue Besen kaufst. Unsere alten sind unbrauchbar.«

»Mit großer Freude«, antwortete ich und eilte zum einschlägigen Handelsmann. Dort erstand ich zwei langhaarige, künstlerisch geformte Prachtbesen und war voll Dankbarkeit für die weise, hausfrauliche Zurückhaltung meiner Ehegattin.

Als ich heimkam, fand ich unser Haus von einem murmelnden Bächlein umflossen. Die beste Ehefrau von allen hatte den klugen Entschluss gefasst, vor Beginn der Entstaubungsarbeiten den Fußboden ein wenig anzufeuchten, und hatte zu diesem Zweck eine weibliche Hilfskraft gemietet; und noch eine zweite, die als Wasserträgerin fungierte.

»In einem Tag haben wir das alles hinter uns«, sagte die beste Ehefrau von allen.

Das freute mich von Herzen, denn aus technischen Gründen gab es an diesem Abend nur weiche Eier zum Nachtmahl, und das vertrug sich nicht ganz mit dem hohen Lebensstandard, an den ich nun einmal gewöhnt bin. Übrigens wurden am Nachmittag auch

13

die Fensterläden heruntergenommen, welche quietschten, wenn der Wind blies. Der Schlosser sagte, dass wir neue Fensterangeln brauchten, weil die alten verbogen waren, und dass ich die neuen bei Fuhrmanns Metall- und Eisenwarenhandlung in Jaffa kaufen sollte. Da ich von einem so beschäftigten Mann, wie es ein Schlosser ist, wirklich nicht verlangen konnte, dass er diesen Ankauf selbst tätigte, ging ich nach Jaffa, um Fensterangeln zu kaufen.

Montag. Kam gegen Mittag von Fuhrmanns Metall- und Eisenwarenhandlung zurück. Hatte für 27 Pfund original belgische Fensterangeln gekauft. Fuhrmann sagte, er hätte auch in Israel erzeugte zum Preis von 1,20, aber die seien nichts wert. »Die belgischen halten Ihnen fürs Leben«, versicherte er mir. »Wenn Sie gut aufpassen, dann halten sie sogar fünf Jahre.«*

Das murmelnde Bächlein war mittlerweile zum reißenden Wildbach geworden. Durch das Haustor konnte ich nicht eintreten, weil der Tapezierer sämtliche

* Wir in Israel haben eine unwiderstehliche Zuneigung zu ausländischen Waren, und zwar aus zwei Gründen. Erstens ist der Respekt vor allem Fremden noch ein Erbteil unserer jahrhundertlangen Unterdrückung in der Diaspora, und zweitens sind die ausländischen Produkte besser.

14

Stühle und Sessel aus dem ganzen Haus im Vorraum zusammengepfercht hatte. Die Möbel aus dem Vorraum befanden sich in der Küche, die Küchengeräte im Badezimmer und das Badezimmer auf der Terrasse. Ich sprang durchs Fenster ins Haus und fiel in einen Bottich mit ungelöschtem Kalk.

Mein Eheweib sprach: »Ich dachte, dass wir bei dieser Gelegenheit auch die Wände neu weißen sollten, denn in ihrem jetzigen Zustand bieten sie einen abscheulichen Anblick. So können wir unsern Onkel Egon unmöglich empfangen.«

Meiner Zustimmung gewiss, stellte sie mich dem Zimmermaler vor und beauftragte mich, mit ihm zu unterhandeln. Schließlich war ja ich der Herr im Haus. Wir einigten uns auf 500 Pfund, einschließlich der Türen. Der Schlosser inspizierte Fuhrmanns Fensterangeln und fand, dass sie nur zwei Zoll lang waren. Ob ich denn nicht wüsste, dass wir drei Zoll lange brauchten? Er schickte mich zu Fuhrmann zurück. Die beste Ehefrau von allen schlief mit Rafi im Büchergestell, zu Füßen der Encyclopedia Britannica. Ich schlief in der Wiege. Ein verirrter Schuhleisten hielt mich viele Stunden lang wach. Zum Nachtmahl hatten wir Rühreier mit Salz.

Dienstag. Fuhrmann behauptete, dass die Fensteran-

geln drei Zoll maßen, und schickte mich nach Hause. Im Garten trat ich in eine Pfütze frisch angemachter Lackierfarbe und reinigte mich mühsam in der Vorhalle, wo sich jetzt das Badezimmer befand, denn im Badezimmer wurden die Wandkacheln gerade auf türkisblau geändert (350 Pfund). Meine Gattin meinte nicht mit Unrecht, dass man solche Kleinigkeiten ein für allemal in Ordnung bringen sollte. Der Elektriker, den wir zwecks Behebung eines Kurzschlusses herbeigerufen hatten, teilte uns mit, dass wir die Bergmann-Schalter, die Fleischmann-Kontakte und die Goldfisch-Sicherungen auswechseln müssten (180 Pfund). Der Schlosser gab zu, dass die belgischen Fensterangeln tatsächlich drei Zoll maßen, aber britische Zoll, nicht deutsche. Er hatte deutsche Zoll gemeint. Schickte mich zu Fuhrmann zurück. Als der Zimmermaler in der Mitte der Küchendecke angelangt war, erhöhte er sprunghaft seinen Preis und gab auch eine einleuchtende Begründung dafür:

»In den Wochen vor Pessach bin ich immer etwas teurer, weil sich alle Leute sagen, dass sie nicht bis Pessach warten wollen, denn zu Pessach besinnt sich dann ein jeder, und dadurch wird alles teurer, und deshalb kommen sie immer schon ein paar Wochen vor

16

Pessach, und deshalb bin ich in den Wochen vor Pessach etwas teurer.«

Außerdem verlangte er von mir eine besondere Art von Furnieren, die nur in Chadera erzeugt werden. Er verlangte auch einen ganz bestimmten Vorkriegslack, zwei Päckchen Zigaretten und einen italienischen Strohhut. Das Ensemble seiner Gehilfen war mittlerweile auf vier angewachsen und stimmte bei der Arbeit einen fröhlichen Quartettgesang an.

Das Schlafproblem löste sich anstandslos. Ich raffte alle Kleider aus unserem großen Schrank zusammen und stopfte sie in den Frigidaire, legte den leeren Schrank rücklings auf den Balkon und versank in einen tiefen, naphtalinumwölkten Schlaf. Mir träumte, ich sei gestorben. Der Beerdigungszug wurde von einer Handwerkerdelegation angeführt, die einen überirdisch langen Pinsel trug.

Die beste Ehefrau von allen zeigte sich von ihrer lebenstüchtigsten Seite. Sie schlief mit Rafi im Wäschekorb und erwachte frisch und rosig. Weiche Eier.

Mittwoch. Fuhrmann erklärte mir, dass es bei den Fensterangeln keinen Unterschied zwischen britischem und deutschem Zollmaß gäbe, und warf mich hinaus. Als ich das dem Schlosser berichtete, wurde er

nachdenklich. Dann fragte er mich, wozu wir die Fensterangeln überhaupt brauchten. Eine Antwort erübrigte sich, da wir ohnedies nicht mehr in die Wohnung hineinkonnten: Im Lauf der Nacht war ein Mann erschienen und hatte die Fußböden ausgehoben. Denn es war seit langem der Wunsch meiner Gattin, die Fußböden einige Grade heller getönt zu haben (340 Pfund). »Nur das noch«, sagte sie, »nur das noch, und dann ist es vorbei.«

Um diese Zeit waren bereits siebzehn Mann an der Arbeit, mich eingeschlossen. Die Maurer, die gerade eine Zwischenwand niederrissen, machten einen ohrenbetäubenden Lärm.

»Ich habe mit dem Gebäudeverwalter gesprochen, der eine Art Architekt ist«, teilte mir die beste Ehefrau von allen mit. »Er riet mir, die Zwischenwand zwischen Rafis Zimmer und deinem Arbeitszimmer niederreißen zu lassen, dann bekommen wir endlich ein großes Gästezimmer, und unser jetziges Gästezimmer wird überflüssig, weil wir ja wirklich keine zwei Gästezimmer brauchen, so dass wir das alte Gästezimmer teilen könnten, und dann hätte Rafi sein Kinderzimmer, und du hättest dein Arbeitszimmer.«

Um das meinige beizutragen, stieg ich auf eine Leiter

und schnippte mit der großen Gartenschere sämtliche Lüster ab. Wenn schon, denn schon, sage ich immer. Dann befestigte ich einen alten Schrankkoffer an einem wurmstichigen Balken und ging zur Ruhe.

Der Gebäudeverwalter (120 Pfund) teilte mir mit (50 Pfund), dass es am besten wäre (212 Pfund), die ganze Küche auf den Dachboden und den Dachboden ins Badezimmer zu verlegen. Ich bat ihn, das mit meiner Gattin zu besprechen, die ja nur ein paar kleinere Veränderungen im Hause durchführen wollte. Meine Gattin schloss sich im Grammofon ein und sagte, sie fühle sich nicht wohl. Zwei rohe Eier.

Donnerstag. Ging heute von Fuhrmann nicht nach Hause. Verbrachte die Nacht auf einer Gartenbank und fand endlich Ruhe und Schlaf. Zum Frühstück Gras und etwas Wasser aus dem Springbrunnen. Delikat. Fühle mich wie neugeboren.

Freitag. Daheim erwartete mich eine frohe Überraschung. Wo einst mein Haus sich erhoben hatte, gähnte mir jetzt eine tiefe Grube entgegen. Zwei Archäologen durchstöberten die Ruinen nach interessanten Scherben. Die beste Ehefrau von allen stand, mit Rafi auf dem Arm, im Garten und wischte den Staub von den Trümmern. Zwei Polizisten hielten die Schar der

Andenkenjäger zurück. »Ich dachte«, sagte die beste Ehefrau von allen, »dass wir die kleine Frühjahrsreinigung doch gleich dazu ausnützen könnten, das ganze Zeug niederzureißen und es dann anständig aufzubauen ...«

»Du hast vollkommen recht, meine Teure«, antwortete ich. »Aber damit warten wir bis nach Pessach, weil dann alles viel billiger ist.«

Eines steht fest: In unserem ganzen Haus ist keine Spur von Ungesäuertem zu finden.

Butterblumengelbe Wiesen

CHRISTIAN MORGENSTERN

Butterblumengelbe Wiesen,
sauerampferrot getönt, –
o du überreiches Sprießen,
wie das Aug dich nie gewöhnt!

Wohlgesangdurchschwellte Bäume,
wunderblütenschneebereift –
ja, fürwahr, ihr zeigt uns Träume,
wie die Brust sie kaum begreift.

Neue Erfindung

MATTHIAS CLAUDIUS

Hab' eine neue Erfindung gemacht, Andres, und soll Dir hier so warm mitgeteilt werden.

Du weißt, dass in jeder gut eingerichteten Haushaltung kein Festtag ungefeiert gelassen wird, und dass ein Hausvater zulangt, wenn er auf eine gute Art und mit einigem Schein des Rechtes einen neuen an sich bringen kann. So haben wir beide, außer den respektiven Geburts- und Namenstagen schon verschiedene andre Festtage an unsern Höfen eingeführt, als das Knospenfest, den Widderschein, den Maimorgen, den Grünzüngel, wenn die ersten jungen Erbsen und Bohnen gepflückt und zu Tisch gebracht werden sollen, und so weiter.

Nun ist wohl wahr, dass der Sommer und sonderlich das Frühjahr viel schön sind. Gleich wenn der erste Winterschnee auftauet und man den bloßen Leib der Erde wieder sieht, fängt diese Vielschönheit an, und geht mit immer größern Schritten fort, bis Blumen und Blätter aufgeblühet sind und der Mensch vor dem vollen Frühling steht, wie Gleims Kind vor einem schönen Blumenkorb. Und gewiss lehret uns der Frühling Gott und seine Güte sonderlich; denn, wie Freund Fritz sagt, was so zu Herzen geht, muss aus irgendeinem Herzen kommen. Und also sind die Frühlings- und Sommerfesttage gar sehr am rechten Ort, ich habe nichts dawider. Es ist mir aber doch immer schon vorgekommen, dass im Herbst und Winter auch was zu machen wäre, nur habe ich die Sache noch nie recht ins Klare bringen können.

Gestern aber, wie das mit den Erfindungen ist: man findet sie nicht, sondern sie finden uns, gestern als ich im Garten gehe und an nichts weniger denke, schießen mir mit einmal zwei neue Festtage aufs Herz, der Herbstling und der Eiszäpfel, beide gar erfreulich und nützlich zu feiern …

Die blauen Frühlingsaugen

HEINRICH HEINE

Die blauen Frühlingsaugen
Schaun aus dem Gras hervor;
Das sind die lieben Veilchen,
Die ich zum Strauß erkor.

Ich pflücke sie und denke,
Und die Gedanken all,
Die mir im Herzen seufzen,
Singt laut die Nachtigall.

Ja, was ich denke, singt sie
Lautschmetternd, dass es schallt;
Mein zärtliches Geheimnis
Weiß schon der ganze Wald.

Heiliger Frühling

RAINER MARIA RILKE

»Unser Herrgott hat sonderbare Kostgänger.« Das war das Lieblingswort des Studenten Vinzenz Viktor Karsky, und er wandte es in passenden und unpassenden Augenblicken stets mit einer gewissen Überlegenheit an, vielleicht weil er sich selbst im Stillen zu dieser Sorte rechnen mochte. Seine Genossen nannten ihn längst einen sonderbaren Kauz; sie schätzten seine Herzlichkeit, die oft an Sentimentalität grenzte, freuten sich an seinem Frohsinn, ließen ihn einsam, wenn er traurig war, und duldeten seine ›Überlegenheit‹ mit gutmütigem Vergeben.

Diese Überlegenheit Vinzenz Viktor Karskys bestand darin, dass er für alles, was er tat oder unterließ, einen glänzenden Namen fand und, ohne zu prahlen, mit einer gewissen gereiften Sicherheit Tat auf Tat legte, wie einer, der aus tadellosen Steinen eine Mauer baut, die für alle Ewigkeit stehen soll. Nach einem guten Frühstück sprach er gerne über Literatur, wobei er niemals tadelte oder verwarf, sondern nur die ihm angenehmen Bücher einer mehr oder minder innigen Anerkennung würdigte. Das klang dann wie eine allerhöchste Sanktion. Bücher, die ihm schlecht schienen, pflegte er überhaupt nicht zu Ende zu lesen, sagte aber dann auch kein Wort darüber, selbst wenn andere des Lobes voll waren. Sonst hielt er sich gegen die Freunde nicht zurück, erzählte alle seine Erlebnisse, auch die intimer Art, mit liebenswürdigem Freimut und ließ es über sich ergehen, dass sie fragten, ob er nicht wieder versucht hätte, ein Proletarierkind ›zu sich emporzuheben‹. Man erzählte sich nämlich, dass Vinzenz Viktor Karsky bisweilen solche Versuche unternehme. Dabei mochten ihm seine tiefen blauen Augen und seine einschmeichelnde Stimme wohl zu gar manchem Erfolge verhelfen. Immerhin schien er die Zahl dieser Erfolge rastlos mehren zu wollen und bekehrte mit dem Eifer eines Religionsstifters eine Unzahl kleiner Mädchen zu seiner Glückseligkeitstheorie. Am Abend begegnete ihm ab und zu einer der Genossen, wenn er, eine blonde oder braune Gefährtin leicht unter dem Arm führend, seines Lehramts waltete. Und die Kleine lachte dann gewöhnlich mit dem ganzen Gesicht, Karsky aber machte eine so wichtige

Miene, als wollte er sagen: »Unermüdlich im Dienste der Menschheit.« Kam aber mal einer und erzählte, dass der oder jener »hängen geblieben« wäre und nun in die nette Sippschaft hinein heiraten müsse, wippte der erfolggekrönte Wanderlehrer seine breiten, slawisch-eckigen Schultern und sagte fast verächtlich: »Ja, ja, – der Herrgott hat sonderbare Kostgänger.«

Das Sonderbarste an Vinzenz Viktor Karsky aber war, dass es etwas in seinem Leben gab, wovon keiner seiner nächsten Freunde wusste. Er verschwieg es gleichsam vor sich selbst; denn er hatte keinen Namen dafür; und doch dachte er daran, sommers, wenn er einsam auf weißem Weg in einen Sonnenuntergang ging, oder wenn der Winterwind sich in den Kamin seiner stillen Stube bohrte und die Kerntruppen der Schneeflocken gegen das verklebte Fenster Sturm liefen, oder im dämmerigen Kneipstübchen sogar mitten im Freundeskreis. Dann blieb das Glas unberührt vor ihm stehen; er schaute wie geblendet vor sich hin, als blicke er in ein fernes Feuer, und seine weißen Hände falteten sich unwillkürlich, als wäre ihm ein Beten gekommen – ganz von ungefähr, wie einem das Lachen oder das Gähnen kommt. Wenn der Frühling in eine kleine Stadt einzieht, so gibt das ein Fest. Wie die

Knospen aus enger Haft, drängen goldköpfige Kinder aus der winterschwülen Stube und wirbeln ins Land hinaus, als trüge sie der flatternde laue Wind, der ihnen Haare und Röckchen zerrt und ihnen die ersten Kirschenblüten in den Schoß wirft. Und wie sie nach langer Krankheit ein altes, langvermisstes Spielzeug bejubeln würden, erkennen sie selig alles wieder und begrüßen jeden Baum, jeden Busch und lassen sich vom jauchzenden Bache erzählen, was er all die Zeit getrieben. Und was für eine Wonne ist das, durch das erste grüne Gras laufen, das zage und zart die nackten Füßchen kitzelt, dem ersten Weißling nachhüpfen, der in ratlos großen Bogen über den kargen Holunderbüschen sich verliert ins endlose, blasse Blau hinein. – Überall regt sich Leben. Unterm Dach, auf den rotleuchtenden Telegraphendrähten und sogar hoch auf dem Kirchturm, hart neben der brummigen, alten Glocke, ist Schwalben-Stelldichein. Die Kinder schauen mit großen Augen, wie die Wandervögel die alten lieben Nester finden, und der Vater zieht den Rosenstöcken den Strohmantel und die Mutter den ungeduldigen Kleinen die warmen Flanellhöschen aus. Auch die Alten kommen mit scheuem Schritt über die Schwelle, reiben sich die faltigen Hände und blinzeln ins flutende Licht hinaus, und nennen sich ›Alterchen‹ und wollens nicht zeigen, dass sie glücklich und gerührt sind. Aber ihre Augen gehen über, und sie danken beide im Herzen: Noch einen Frühling.

An solch einem Tag ohne eine Blume in der Hand auszugehen, ist Sünde, dachte der Student Karsky. Und deshalb schwenkte er einen duftenden Zweig in der Rechten, als müsste er dem Frühling Reklame machen. Leichtschrittig und schnell, wie um früher dem dumpfig kühlen Atem der schwarz gähnenden Haustore zu entfliehen, ging er durch die alten, grauen Giebelgassen, winkte dem Wirt der Stammkneipe, der mit feistem Lächeln unter der breiten Einfahrt seines Gasthofs prahlte, und nickte den Kindern zu, die bei dem Schlag der Mittagsglocke aus der engen Schule wirbelten. Erst gings ganz sittsam zwei zu zwei, allein zwanzig Schritte von dem Schultor platzte der Schwarm in unzählige Teilchen auseinander, und der Student musste an jene Raketen denken, die hoch im Blauen in lauter winzige Leuchtsterne und -kugeln aufgehen. Ein Lächeln auf den Lippen und ein Lied in der Seele, eilte er jenem äußersten Bezirke des Städtchens zu, wo teils behäbige, bäurisch aussehende Gehöfte, teils weiße Villenneubauten, von kleinen Gärtchen umrahmt, gar freundlich dreinschauten. Dort vor einem der letzten Häuser erfreuten ihn die hohen Laubengänge, über deren leichtgeschwungenem Gezweig schon ein grüner Hauch schimmerte, wie ein Ahnen künftiger Pracht. Am Eingang blühten zwei Kirschbäume, und das sah aus, als wäre eine Triumphpforte für den Frühling erbaut und als schrieben die blassrosa Blüten ein leuchtendes Willkommen darüber. Plötzlich schrak Karsky zusammen: Mitten in dem Blühen sah er zwei tiefblaue Augen, die mit ruhiger, schlürfender Seligkeit ins Weite träumten. Er gewahrte erst nur die beiden Augen, und ihm war, der Himmel selber schaute ihn durch die Blütenbäume an. – Er kam näher und staunte. Ein blasses, blondes Mädchen kauerte da auf dem mattfarbigen geblumten Lehnstuhl; ihre weißen Hände, die nach etwas Unsichtbarem zu greifen schienen, hoben sich hell und durchscheinend von der dunkelgrünen Decke ab, die Knie und Füße umschloss. Die Lippen waren zartrot wie kaum erschlossene Blüten, und ein leises Lächeln umsonnte sie.

So lächelt ein Kind, das in der Christnacht, das neue Holzpferdchen im Arm, entschlafen ist. So schön und duftig war das bleiche, verklärte Gesicht, dass dem

Studenten auf einmal alte Märchen einfielen, an die er lange, lange nicht mehr gedacht hatte. Und er blieb stehen – unwillkürlich, wie er heute bei einer Wegmadonna stehen geblieben wäre, in dem Gefühl jener großen treuinnigen Sonnendankbarkeit, das die bisweilen überkommt, die das Beten verlernt haben.

– Da begegnete sein Blick dem des Mädchens. Sie schauten sich in die Augen mit seligem Verständnis. Und halb unbewusst schleuderte der Student den jungen Blütenzweig über den Zaun, dass er mit sachtem Taumeln in den Schoß des blassen Kindes niederschwebte. Die weißen, schmalen Hände griffen mit zärtlicher Hast nach dem duftigen Geschoss, und Karsky genoss den leuchtenden Dank der Märchenaugen mit wonnigem Bangen. Dann schritt er weiter feldein. Erst als er weit im Freien war und der hohe Himmel mit feierlicher Stille über ihm lag, bemerkte er, dass er unablässig sang. Es war ein kleines, altes, seliges Lied. Das hab' ich mir auch oft gewünscht, dachte der Student Vinzenz Viktor Karsky, krank gewesen sein einen ganzen Winter lang, und wenn der Frühling kommt, langsam und mählich ins Leben zurückkehren. Vor der Türe sitzen mit staunenden Augen und so recht ausgeruht sein und so kindisch dankbar für Sonne und

31

Dasein. – Und alle sind dann lieb und freundlich, und die Mutter kommt dem Genesenen jeden Augenblick die Stirne küssen, und die Geschwister spielen Ringelreihn und singen bis ins Abendrot. – Und er dachte das, weil ihm immer wieder die blonde kranke Helene einfiel, die da draußen unter dem blütenschweren Kirschbaum saß und seltsame Träume sann. Wie oft sprang er von seinen Arbeiten auf und eilte zu dem blassen, stillen Mädchen. – Zwei Menschen, die das gleiche Glück leben, finden sich schnell.

Die Kranke und Viktor berauschten sich beide an der kühlen, duftigen Frühlingsluft, und ihre Seelen klangen denselben Jubel. Er saß neben dem blonden Kinde und erzählte ihm tausend Geschichten mit sanfter, kosender Stimme. Was aus ihm klang, war ihm selbst fremd und neu, und er lauschte mit entzücktem Erstaunen auf seine eigenen Worte, die so rein und voll waren, wie eine Offenbarung. Und es musste wirklich etwas Großes sein, das er verkündete; denn auch Helenens Mutter, und das war eine Frau mit breiten, weißen Scheiteln, die gar manches gehört haben mochte in Welt und Wandel, lauschte oft wie andächtig, wenn er sprach, und einmal sagte sie mit unmerklichem Lächeln: »Sie müssten eigentlich ein Dichter sein,

Herr Karsky.« Die Genossen aber schüttelten nachdenklich die Köpfe. Vinzenz Viktor Karsky kam selten in ihren Abendkreis; kam er einmal, blieb er schweigsam, hörte weder ihre Scherze noch Fragen und lächelte nur so heimlich ins Lampenlicht, als lauschte er auf ein fernes, trautes Singen. Auch über Literatur sprach er nicht mehr, wollte nichts lesen und murrte, wenn man ihn ungestüm aus seinem Sinnen zerrte, ganz unvermittelt: »Bitt euch, der liebe Herrgott hat sonderbare Kostgänger.«

Darüber waren die Studenten aber einig, dass der gute Karsky nunmehr zu den allersonderbarsten gehörte; denn auch von seiner biederen Überlegenheit ließ er nichts mehr merken, und die kleinen Mädchen vermissten seine menschenfreundliche Lehrtätigkeit. Er war allen ein Rätsel geworden. Traf man ihn mal des Abends in den Gassen, ging er allein, blickte weder rechts noch links und schien bemüht, den seligen, seltsamen Glanz seiner Augen so rasch wie möglich in sein einsames Stübchen zu tragen und dort zu bergen – vor aller Welt.

»Was du für einen schönen Namen hast, Helene«, raunte Karsky mit behüteter Stimme, als hätte er dem Mädchen ein Geheimnis anvertraut.

Helene lächelte: »Der Onkel schilt immer und meint,

so sollten eigentlich nur Prinzessinnen und Königinnen heißen.«

»Du bist auch eine Königin. Siehst du denn nicht, dass du eine Krone trägst von eitel Gold. Deine Hände sind wie Lilien, und ich glaube, Gott hat sich sogar entschlossen, seinen teuren Himmel zu zerschneiden, um dir Augen zu machen.«

»Du, Schwärmer«, grollte die Kranke mit dankbaren Augen. »So möcht ich dich malen können!« seufzte der Student auf. Dann schwiegen sie beide. Ihre Hände fanden sich unwillkürlich, und sie hatten die Empfindung, es käme eine Gestalt auf sie zu durch den lauschenden Garten, ein Gott oder eine Fee. Seliges Erwarten füllte ihre Seelen. Ihre dürstenden Blicke trafen sich wie zwei schwärmende Falter – und küssten sich.

Und dann begann Karsky, und seine Stimme war wie fernes Birkenrauschen:

»Das ist alles wie ein Traum. Du hast mich verzaubert. Mit jenem Blütenzweig hab ich mich dir zueigengegeben. Alles ist anders. So viel Licht ist in mir. Ich weiß gar nicht mehr, was früher war. Ich fühle keinen Schmerz, kein Unbehagen, nicht einmal einen Wunsch in mir. – So hab ich mir immer die Seligkeit gedacht – das jenseits vom Grab ...«

»Fürchtest du das Sterben?«

»Das Sterben? Ja. Aber nicht den Tod.«

Helene legte ihm sanft die bleiche Hand auf die Stirne. Er fühlte, sie war sehr kalt: »Komm ins Zimmer«, mahnte er leise. »Mir ist gar nicht kalt – und der Frühling ist so schön.«

Helene sagte das mit inniger Sehnsucht. Ihr Wort klang nach wie ein Lied.

Die Kirschbäume blühten nicht mehr, und Helene saß tiefer im Laubengange, wo der Schatten schwerer und kühler war. Vinzenz Viktor Karsky war Abschied nehmen gekommen. Die Sommerferien brachte er fern an einem See des Salzkammergutes bei seinen alten Eltern zu. Sie sprachen wie immer über das und dies, über Träume und Erinnerungen. Aber der Zukunft gedachte keines. Helenes Gesichtchen war bleicher als sonst, ihre Augen größer und tiefer, und die Hände zuckten leise auf der dunkelgrünen Decke. Und als der Student sich erhob und die beiden Hände behutsam wie etwas Zerbrechliches in die seinen nahm, da sagte Helene leise: »Küss mich, du!«

Und der junge Mann neigte sich und berührte mit kühlen, begierdelosen Lippen Stirn und Mund der Kranken. Wie einen Segen trank er den heißen Duft dieses keu-

35

schen Mundes, und dabei fiel ihm eine Szene aus ferner Kindheit ein: wie Mutter ihn mal emporgehoben hatte zu einem wundertätigen Madonnenbild. Und dann ging er, gestärkt, ohne Schmerz durch den dämmerigen Laubengang. Er wandte sich noch einmal um, winkte dem blassen Kinde zu, das ihm mit müdem Lächeln nachschaute, und warf dann eine junge Rose über den Zaun. Mit seliger Sehnsucht haschte Helenedanach. Die rote Blüte aber fiel zu ihren Füßen nieder. Das kranke Mädchen bückte sich mühsam; es nahm die Rose zwischen die gefaltene Hände und küsste sich die Lippen rot an den samtweichen Blättern. Das hatte Karsky nicht mehr gesehen. Mit gefalteten Händen ging er durch die Sommerglut. Als er in sein stilles Stübchen trat, warf er sich in den alten Lehnstuhl und schaute in die Sonne hinaus. Die Fliegen summten hinter den weißen Tüllgardinen, und eine junge Knospe war aufgesprungen auf dem Fensterbrett. Und da kam dem Studenten von ungefähr zu Sinne, dass sie nicht: »auf Wiedersehen« gesagt hatten.

Sonngebräunt war Vinzenz Viktor Karsky von den Ferien in die kleine Stadt zurückgekehrt. Mechanisch ging er durch die altgewohnten Giebelgassen und warf keinen Blick auf die Häuserstirnen, die das falbe Herbstlicht fast violett erscheinen ließ. Es war der ers-

te Weg, den er seit seiner Heimkehr machte, und doch
schritt er wie einer dahin, der täglich dieselbe Strecke
zurücklegt; er trat endlich durch das hohe Gittertor in
den stillen Kirchhof und setzte auch dort zwischen
den Hügeln und Kapellen zielsicher seinen Weg fort.
Vor einem grünen Grab blieb er stehen und las von
dem schlichten Kreuze ab: Helene. Er hatte gefühlt,
dass er sie hier finden müsse. Ein Lächeln der Wehmut
zuckte um seine Mundwinkel.

Auf einmal dachte er: Nein, wie geizig die Mutter
doch war! Auf des Mädchens Hügel lag neben verdorr-
ten Blumen ein plumper Blechkranz mit geschmacklo-
sen Blüten. Der Student holte ein paar Rosen, kniete
nieder und deckte das kantige, karge Metall ganz mit
den frischen Blüten zu, dass auch nicht ein Eckchen
mehr zu sehen war. Dann ging er wieder, und sein Herz
war klar, wie der rote Frühherbstabend, der so feierlich
über den Dächern lag.

Karsky saß eine Stunde später in der Stammkneipe. Die
alten Genossen umdrängten ihn, und auf ihr stürmi-
sches Begehr erzählte er von seiner Sommerreise. Als er
von den Alpentouren sprach, gewann er wieder seine
alte Überlegenheit. Man trank ihm zu.

»Du«, begann einer der Freunde, »was war denn das

damals mit dir, vor den Ferien, du warst ja ganz … na,
– vorwärts, heraus mit der Farbe!«

Da sagte Vinzenz Viktor Karsky mit verstohlenem
Lächeln:

»Na, der liebe Herrgott…«

»… hat sonderbare Kostgänger«, ergänzten die andern
im Chor. »Das wissen wir schon.«

Nach einer Weile, als niemand mehr eine Antwort
erwartete, fügte er sehr ernst hinzu: »Glaubt mir, es
kommt darauf an, dass man einmal im Leben einen
heiligen Frühling hat, der einem soviel Licht und
Glanz in die Brust senkt, dass es ausreicht, alle ferne-
ren Tage damit zu vergolden …«

Alle lauschten, als erwarteten sie noch etwas. Karsky
aber schwieg mit leuchtenden Augen. Keiner hatte ihn
verstanden, allein über allen lags wie ein geheimnisvol-
ler Bann, bis der Jüngste seines Glases Rest mit raschem
Ruck austrank, auf den Tisch schlug und rief: »Kinder,
ich glaub ihr wollt sentimental werden. – Auf! Ich lad
euch alle zu mir ein. Da ist's gemütlicher, als in der
Gaststube, und dann: es kommen auch ein paar Mädel.
– Du gehst doch mit?« wandte er sich zu Karsky.

»Freilich«, sagte Vinzenz Viktor Karsky heiter und
trank langsam sein Glas leer.

Auch dieser März bringt Lerchenlieder

KARL GEROK

Zum neuen Jahr ein neues Hoffen:
Die Erde wird noch immer grün;
Auch dieser März bringt wieder Lerchenlieder,
Auch dieser Mai bringt Rosen wieder.
Auch dieses Jahr lässt Freuden blüh'n;
Zum neuen Jahr ein neues Hoffen,
Die Erde wird noch immer grün.

Gute Vorsätze

LUDWIG THOMA

Ich war auf einmal furchtbar fromm. Drei Wochen lang hat uns der Religionslehrer Falkenberg vorbereitet auf die heilige Kommunion, und ich habe zum Fritz gesagt: »Wir müssen ein anderes Leben anfangen.«

Den Fritz hat es auch gepackt, weil der Falkenberg einmal so weinte und sagte, er kann es nicht verantworten, einen verdorbenen Knaben zum Tisch des Herrn zu schicken. Weil neulich vor dem Kommunionsunterricht an die Türschnalle Senf hingeschmiert war und der Religionslehrer meinte, es ist etwas anderes. Ich habe gewusst, dass es der Fritz getan hat, und ich habe mich schon gefreut, dass der Falkenberg eingegangen ist, aber er hat uns eine halbe Stunde lang beten lassen, dass die Freveltat vorübergeht. Und wie es vorbei war, sagte der Fritz zu mir, ob ich glaube, dass wir es weggebetet haben. Ich sagte, dass ich es glaube, weil der Falkenberg sonst nicht aufgehört hätte. Aber ich sagte: »Du musst auch ein anderer werden, Fritz. Probiere es nur, es geht ganz gut.« Er fragte, ob ich es fertig gebracht habe.

Ich sagte: »Ja, weil ich jetzt furchtbar fromm bin. Die Tante Fanny gibt immer Obacht, wenn ich im Gebetbuch lese, und sagt zu Onkel Pepi, dass mit mir eine Veränderung geschehen ist. Sie glaubt, dass ich in mich gegangen bin, und ich glaube es auch, weil ich jetzt schon eine Viertelstunde lang beten kann und nicht denke, wie ich der Tante etwas antue.«

Der Fritz sagte, er will morgen anfangen, aber heute muss er noch dem Schuster Rettenberger das Fenster einschmeißen, denn er hat ihn beim Pedell verschuftet, dass er ihn mit einer Zigarre gesehen hatte.

Ich sagte, er solle warten bis nach der Kommunion, weil ich mittun möchte, aber Fritz sagte, dass er nicht beten kann, bevor er das Fenster kaputtgeschmissen hat, weil er voll Zorn ist.

Der Rettenberger lacht immer, wenn er ihn sieht, und gestern hat er ihm nachgeschrien: »Gelt, ich hab' dich schön erwischt, du Lausbub, du miserabliger.«

Da habe ich denn Fritz recht gegeben, weil es eine solche Gemeinheit ist, und ich hätte so gerne mitgetan. Aber es ging nicht, denn ich habe mich schon acht Tage lang vorbereitet, und da hätte ich wieder von

vorne anfangen müssen. Das ist gar nicht leicht. Die Tante Fanny hat Obacht gegeben, dass ich nichts auslasse. Sie hat mir recht wenig zum Essen gegeben, weil man sich täglich einmal abtöten muss, aber die Magd hat zu mir gesagt, dass sie ein Knack ist und sparen will.

Vor dem Bettgehen habe ich Gewissenserforschung treiben müssen; da habe ich den Beichtspiegel vorgelesen, und der Onkel Pepi und die Tante haben alles erklärt. Der Onkel Pepi ist ganz heilig. Er ist Sekretär am Gericht, aber er sagt oft, dass er ein Pfarrer hat werden wollen, aber weil er kein Geld hatte, ist er mit dem Studieren nicht fertig geworden. Wie er einmal mit der Tante recht gestritten hat, da hat die Tante gesagt, dass er zu dumm war für das Gymnasium. Der Falkenberg mag ihn gerne, weil er alle Tage in die Kirche geht und ihm alles sagt, was die Leute im Wirtshaus reden. Meine Mutter hat ihm geschrieben, dass er mich unterstützt und belehrt für die heilige Handlung, damit ich so fromm werde wie er. Das hat ihn gefreut, und er ist alle Tage bis neun Uhr dageblieben und hat gepredigt. Dann ist er in das Wirtshaus gegangen.

Einmal hat er aus einem Buche vorgelesen, dass man täglich sein Gewissen erforschen muss und es machen soll wie der heilige Ignatius. Er hat alle Sünden in ein Büchlein geschrieben und es unter sein Kopfkissen gesteckt. Das habe ich auch getan; aber da habe ich es vergessen, und wie ich aus der Klasse heimkam, hat mich der Onkel Pepi gerufen und gesagt: »Du hast voriges Jahr aus meiner Hosentasche zwei Mark gestohlen.«

Da habe ich gemerkt, dass er meine Gewissenserforschung gelesen hat, aber es waren bloß sechzig Pfennig.

Die Tante hat gesagt, weil es ein Beichtgeheimnis ist, darf man es meiner Mutter nicht schreiben. Da war ich froh. Nach dem Essen hat der Onkel das Seelenbad vorgelesen, wo eine Geschichte darin stand vom heiligen Antonius. Zu dem ist ein Mann gekommen, der viele Sünden hatte, und hat beichten wollen. Der Heilige hat ihm angeschafft, dass er seine Sünden aufschreibt, und das tat der Mann. Wie er dann seine Sünden gelesen hat, ist jedesmal eine Sünde, die er reumütig gebeichtet hat, von unsichtbarer Hand ausgelöscht worden. Der Onkel hat die Geschichte zweimal vorgelesen, und dann hat er zur Tante gesagt: »Liebe Fanny, es ist auch für uns eine Lehre in diesem wunderbaren Vorfalle. Wenn Gott die Sünden verzeiht, müssen wir dem Beispiele folgen.«

»Aber seine Mutter muss es ersetzen«, sagte die Tante.
»Natürlich«, sagte der Onkel, »das ist notwendig wegen der Gerechtigkeit.«

»Und du sollst nicht so viel Geld in den Hosensack stecken«, sagte die Tante, »warum nimmst du so viel in das Wirtshaus mit? Drei Glas Bier sind genug für dich, das macht sechsunddreißig Pfennig, aber natürlich, ihr müsst ja der Kellnerin ein Trinkgeld geben, als wenn du etwas zum Verschenken hättest mit deinem Gehalt.«

»Das gehört nicht hierher«, sagte der Onkel, »was soll der Bursche denken, wenn du seine Aufmerksamkeit ablenkst.«

»Er wird denken, dass er dir noch mehr stiehlt, wenn du soviel Geld in den Hosensack steckst«, sagte die Tante.

»Wer weiß, wie viel er schon genommen hat. Du natürlich weißt es nicht, weil du ja nicht Acht gibst, als hättest du das Gehalt von einem Präsidenten.«

»Ich habe bloß einmal die sechzig Pfennig genommen«, sagte ich.

»Es waren wenigstens zwei Mark«, sagte der Onkel, »aber ich verzeihe dir, wenn du es aufrichtig bereust und gegen diesen Fehler ankämpfen willst. Du musst

den heiligen Vorsatz fassen, dass du es nie mehr tust und die Versuchung meidest und meinen Hosensack nie mehr aussuchst.«

Ich war furchtbar zornig, aber ich durfte es nicht merken lassen. Ich dachte, wenn die Kommunion vorbei ist, dann will ich ihn schon ärgern, dass er blau wird. Vielleicht mache ich seine Goldfische kaputt oder etwas anderes.

Es waren bloß mehr fünf Tage. Der Tante Frieda ihre Anna durfte heuer auch zum ersten Mal zur Kommunion gehen, und sie haben ein ekelhaftes Getue mit ihr. Die Anna ist eine falsche Katze, und ich habe sie nie leiden mögen, aber jetzt bin ich noch giftiger auf sie, weil die Tante Frieda immer von ihr redet und sich so dick macht damit. Die Tante Frieda ist die beste Freundin von der Tante Fanny, und sie sagen allemal etwas über meine Mutter, wenn sie beisammen sind. Am Abend ist die Tante Frieda öfter gekommen, und wie sie einmal gehört hat, dass wir Andachtsübungen machen, hat sie zum Onkel Pepi gesagt: »Du tust ein gutes Werk an dem Burschen; ich fürchte bloß, dass es nicht viel hilft.«

Und dann fragte sie mich, ob ich mich auf die heilige Handlung ordentlich vorbereite.

Ich sagte, dass ich schon zwei Wochen mich vorbereite.

»Vorbereiten und vorbereiten ist ein Unterschied. Ach Gott«, sagte sie, »ich weiß nicht, mein Ännchen flößt mir beinahe Angst ein. So durchgeistigt kommt sie mir vor und so angegriffen von dem Gedanken an ihre erste Kommunion.

Und denkt euch nur, wie das Kind spricht! Am letzten Freitag wollte ich ihr ein bisschen Fleischsuppe geben, weil sie doch schwächlich ist. Aber sie hat es um keinen Preis nicht genommen. Ich sagte, es ist doch eine Kleinigkeit.

›Nein‹, sagte sie, ›liebe Mutter, kann das eine Kleinigkeit sein, was Gott beleidigt?‹ Und ihre Augen glänzten ganz dabei. Mir ist ganz anders geworden. Liebe Mutter, hat sie gesagt, kann das eine Kleinigkeit sein, was Gott beleidigt?«

Tante Fanny war erstaunt und nickte mit dem Kopfe auf und ab, und der Onkel Pepi machte große Augen auf mich und hatte Wasser darin. Er sagte zu mir: »Hörst du das?«

Ich sagte, dass ich es schon gelesen habe, weil es eine Heiligengeschichte ist, die wo in unserem Vorbereitungsbuche steht.

Tante Frieda ärgerte sich furchtbar, dass ich es wusste. Sie sagte, dass sie es nicht glaubt, weil ich immer lüge, aber wenn es wahr ist, dann macht es auch nichts, weil man sieht, dass Ännchen die Moral in sich aufgenommen hat.

Und sie erzählte, dass Anna gestern nicht geschlafen hat und weinend im Bett gesessen ist. »Was hast du, Kind?«, hat sie gefragt. »Ich habe ein Stück Brotrinde gegessen«, hat Anna gesagt. »Warum sollst du keine Brotrinde nicht essen?«, hat die Tante Frieda gefragt. »Weil das Essen schon vorbei war, und die Brotrinde war nicht für mich bestimmt, das war ein Unrecht, und ich habe so fest vorgehabt, dass ich keine Sünde mehr begehe«, hat die Anna gesagt, und sie hat noch mehr geweint. »So ist das Kind«, sagte die Tante Frieda, »sie kommt mir oft überirdisch vor, und ich kann sie nicht beruhigen.«

»Es gibt Kinder, welche zwei und drei Mark aus einem Hosensacke stehlen und keine Unruhe verspüren«, sagte Onkel Pepi. Und die Tante Frieda wusste es schon von der Tante Fanny und sagte: »Es ist der Fluch der milden Erziehung.«

Das habe ich alles hören müssen, und ich war froh, wie der Kommuniontag da war. Meine liebe Mutter

47

hat mir einen schwarzen Anzug geschickt und eine
große Kerze. Sie hat mir geschrieben, dass es ihr weh
tut, weil sie nicht dabei sein kann, aber ich soll mir
vornehmen, ein anderes Leben anzufangen und ihr
bloß Freude zu machen. Das habe ich mir auch vorge-
nommen. Wir waren vierzehn Erstkommunikanten
von der Lateinschule, und die Frau Pedell hat zu uns
gesagt, dass sie weinen muss, weil wir so feierlich aus-
gesehen haben, wie lauter Engel. Der Fritz hat auch
ein ernstes Gesicht gemacht, und ich habe ihn beinahe
nicht gekannt, wie er langsam neben mir hergegangen
ist.

Wir waren auf der einen Seite aufgestellt. Auf der
anderen Seite waren die Mädels aufgestellt von der
höheren Töchterschule. Da war die Anna dabei. Sie
hat ein weißes Kleid angehabt und Locken gebrannt.
Ich habe sie in der Sakristei angeredet, bevor wir in die
Kirche hineinzogen. Sie sagte, dass sie heute recht
heiß und innig für meine Besserung beten will.

Ich habe mich nicht geärgert, weil ich so friedfertig
war, und in der Kirche war ich nicht wie sonst. Ich
habe gar nicht gemerkt, dass es lang gedauert hat, und
ich habe nicht gedacht, was ich nachher tue. Ich habe
gemeint, es ist jetzt alles anders. Viele Eltern, die da

waren, haben ihre Kinder geküsst, wie alles vorbei war, und ich bin zur Tante Fanny und zum Onkel Pepi hingegangen.

Da stand die Tante Frieda bei ihnen und sagte zu mir: »Du hast die dickste Kerze gehabt. Keiner hat eine so dicke Kerze gehabt wie du. Sie hat gewiss um zwei Mark mehr gekostet als die, welche ich meinem Ännchen gab. Aber deine Mutter will immer oben hinaus.«

Und die Tante Fanny sagte: »Natürlich, wenn man einen höheren Beamten geheiratet hat.«

Da habe ich gesehen, dass sie einen nicht fromm sein lassen, und ich habe mit dem Fritz was ausgemacht. Er wohnt auch in der weiten Gasse und kann der Tante Frieda in die Wohnung sehen. Da steht ein Schrank mit einem Spiegel; und der Fritz hat eine Luftpistole. Aber jetzt hat der Spiegel auf einmal ein Loch gehabt.

Frühlingsvormittag

KURT TUCHOLSKY

Für Mary

Natürlich kommst du erst einmal ein Viertelstündchen zu spät – und dann musst du lachen, wie du mich da so an der Uhr stehen siehst, und dann sagst du: »Die Uhr geht überhaupt falsch!« Uhren, an denen sich Liebespaare verabreden, gehen immer falsch. Und dann gondeln wir los. Das ist ein zauberischer Vormittag. Du trägst ein weich gefaltetes, weites Kleid, ganz hell, was dich noch blonder macht, einen kleinen Trotteur, wie ich ihn gern habe, und deine langen, zarten Wildlederhandschuhe; du duftest ganz zart nach irgend etwas, was du als Lavendel ausgibst – und was das Verzaubertste an diesem hellen Tage ist wir sprechen nicht ein einziges Mal von Zahlen. Es ist ganz merkwürdig und unberlinisch. Leider: ganz undeutsch. Du sprichst von Kurland. Wie sich auf dem lettischen Bahnhof Männlein und Weiblein und Kindlein einträchtig in der Nase bohrten, der ganze Bahnhof bohrte in der Nase: Gendarmen, Bauern, Schaffner und Lokomotivführer. Ich finde, dass das dem Nachdenken sehr förderlich sei, und das willst du wieder nicht glauben. Doch. Der Ausdruck: »in der Nase grübeln ...« Weiter. Und dann erzählst du von den langen, langen Spaziergängen, die man in Kurland machen kann – und mir wird das Herz weit, wenn ich an das schönste Land denke, das wir beide kennen: Gottes propprer Protzprospekt für ein unglücklicherweise nicht geliefertes Deutschland.

Und dann gehen wir an kleinen Teichen vorbei, an einem steht seltsamerweise nicht einmal eine Tafel mit: Verboten – und wir wundern uns sehr. Und du patschst mit deinen neuen Lackhalbschuhen (du freundliche Mühlenaktie!) in einen Tümpel, und ich bin an allem schuld – und überhaupt. Aber dann ist das vorbei ... Und in deinen Augen spiegelt sich der helle Frühlingstag, du siehst so fröhlich aus, und ich muss immer wieder darauf gucken, wie du dich bewegst. Und wieder sprechen wir von Russland und von deiner Heimat. Was ist es, das dich so bezaubernd macht –? Du bist unbefangen.

Und ich will dir mal was sagen: Bei uns tun die feinen Leute alles so, wie es in ihren Zeitschriften drin steht

– und immer sehen sie sich fotografiert, fein mit Ei und durchaus »richtig«. Ihr überlegt gar nicht so viel. Ihr seid hübsch, und damit gut. Und Ihr geht, schreitet, lacht, fahrt und trinkt so, wie es euch eure kleine Seele eingegeben hat – ohne darüber nachzudenken, wie das wohl »aussieht«. Aber Ihr fühlt immer, wie es aussieht – und Ihr wollt immer, dass es hübsch aussehen soll. Und nichts ist euch unwichtig, und alles erheblich genug, um es mit Freude zu tun. Der Weg ist das Ziel. Aber da hält ein Auto, darinnen sitzt Herr Kolonialwarenhändler Mehlhake (A.-G. für den Vertrieb von Mehlhakeschen Präparaten – »Wissen Se, schon wejen der Steuer!«), und so sieht auch alles aus: Frau Mehlhake ist so schrecklich richtig angezogen, dass wir aus dem Lachen und sie aus der feinsten Lederjacke nicht herauskommt, die kleinen Mehlhakes haben alle Automobilbrillen und schmutzige Fingernägel – und das Auto kostet heute mindestens seine …

Aber wir wollten ja nicht von Zahlen sprechen an diesem Frühlingsvormittag. Das Auto staubt davon. Wir gehen weiter, wir Wilden, wir bessern Menschen. Denn mit dem Stil ist das wie mit so vielen Dingen: man hat ihn, oder man hat ihn nicht.

Märzhimmel

EUGEN ROTH

In des Märzens Wehen
Strömt aus vollem Herzen Dank:
Wolken, graue, weiße, gehen …
Und nun wird der Himmel blank,
Blank, wie Du ihn nie gesehen.
So, als würde, wenn nur erst im Westen
Noch die letzte, schmelzende versank,
Nie mehr, nie mehr im Gewölb, dem festen,
Auch nur einer Wolke Schatten stehen …

Frühling hinter Bad Nauheim

JOACHIM RINGELNATZ

Zwei Eier, ein Brötchen, ein Hut und ein Hund –.
Am Himmel die weiße Watte,
Die ausgezupft
Den Himmel ohne Hintergrund
So ungebildet übertupft,
Erzählt mir, was ich hatte.

Erzählt mir, was ich war.
Ich hatte, was ich habe.
Aber was weiß ich, was ich bin?!
Genau so dumm und vierzig Jahr?

Ich fliege, ein krächzender Rabe,
Über mich selber hin.

Ich bin zum Glück nicht sehr gesund
Und – Gott sei Dank –
Auch nicht sehr krank.

Der Wind entführt mir meinen Hund.
Die Eier, der Kognak, das Brötchen
Schmecken heute besonders gut:
Und siehe da: mein alter Hut
Macht Männchen und gibt Pfötchen.

Eine wunderbare Heiterkeit

JOHANN WOLFGANG VON GOETHE

Eine wunderbare Heiterkeit hat meine ganze Seele eingenommen, gleich den süßen Frühlingsmorgen, die ich mit ganzem Herzen genieße. Ich bin allein und freue mich meines Lebens in dieser Gegend, die für solche Seelen geschaffen ist wie die meine. Ich bin so glücklich, mein Bester, so ganz in dem Gefühle von ruhigem Dasein versunken, dass meine Kunst darunter leidet. Ich könnte jetzt nicht zeichnen, nicht einen Strich, und bin nie ein größerer Maler gewesen als in diesen Augenblicken. Wenn das liebe Tal um mich dampft, und die hohe Sonne an der Oberfläche der undurchdringlichen Finsternis meines Waldes ruht, und nur einzelne Strahlen sich in das innere Heiligtum stehlen, ich dann im hohen Grase am fallenden Bache liege, und näher an der Erde tausend mannigfaltige Gräschen mir merkwürdig werden; wenn ich das Wimmeln der kleinen Welt zwischen Halmen, die unzähligen, unergründlichen Gestalten der Würmchen, der Mückchen näher an meinem Herzen fühle, und fühle die Gegenwart des Allmächtigen, der uns nach seinem Bilde schuf, das Wehen des Alliebenden, der uns in ewiger Wonne schwebend trägt und erhält; mein Freund! wenn's dann um meine Augen dämmert, und die Welt um mich her und der Himmel ganz in meiner Seele ruhn wie die Gestalt einer Geliebten, dann sehne ich mich oft und denke: Ach könntest du das wieder ausdrücken, könntest du dem Papiere das einhauchen, was so voll, so warm in dir lebt, dass es würde der Spiegel deiner Seele, wie deine Seele ist der Spiegel des unendlichen Gottes! – Mein Freund! – Aber ich gehe darüber zugrunde, ich erliege unter der Gewalt der Herrlichkeit dieser Erscheinungen.

Ex tempore

MATTHIAS CLAUDIUS

In dichtverwachsnem Laub verborgen,
Sang eine Nachtigall einst einen Frühlingsmorgen;
Bald tönten Lieder überall,
Sie sangen ihm aus vollem Halse Lieder,
Und Tal und Hügel hallten wider; –
Da schwieg die Nachtigall.

Frohe Ostern

Wer die Osterbotschaft gehört hat,
der kann nicht mehr mit tragischem Gesicht
umherlaufen und die humorlose Existenz
eines Menschen führen,
der keine Hoffnung hat.

KARL BARTH

Fröhliche Ostern

KURT TUCHOLSKY

Da seht aufs neue dieses alte Wunder:
Der Osterhase kakelt wie ein Huhn
und fabriziert dort unter dem Holunder
ein Ei und noch ein Ei und hat zu tun.
Und auch der Mensch reckt frohbewegt die
Glieder – er zählt die Kinderchens:
eins, zwei und drei...
Ja, was errötet denn die Gattin wieder?
Ei, ei, ei
ei, ei ei!
Der fleißige Kaufherr aber packt die Ware
ins papp'ne Ei zum besseren Konsum:
Ein seid'nes Schnupftuch, Nadeln für die Haare,
die Glitzerbrosche und das Riechparfum.
Das junge Volk, so Mädchen wie die Knaben,
sucht die voll Sinn versteckte Leckerei.
Man ruft beglückt, wenn sie's gefunden haben:
Ei, ei, ei
ei, ei ei!

Und Hans und Lene steckens in die Jacke,
das liebe Osterei – wen freut es nicht?
Glatt, wohlfeil, etwas süßlich im Geschmacke,
und ohne jedes inn're Gleichgewicht.
Die deutsche Politik ... Was wollt ich sagen?
Bei uns zu Lande ist das einerlei –
und kurz und gut: Verderbt euch nicht den Magen!
Vergnügtes Fest! Vergnügtes Osterei!

Rätselhaftes Ostermärchen

JOACHIM RINGELNATZ

Der Frackverl0her H0nrich Osterm00 kehrte am ersten Osterf00tage sehr betrunken h0m. S0ne Frau, 0ne
wohlbel0bte kl0ne Dame, betrieb in der Kl0ststraße
0nen 00handel. Sie empfing H0nrich mit den Worten:
»0, 0, m0n Lieber!« Dab0 drohte sie ihm lächelnd mit
dem Finger. Herr Osterm00 sagte: »Ich schwöre 0nen
h0ligen 0d, dass ich nur ganz l0cht angeh0tert bin. Ich
war b0 0ner W0hnachtsf0er des Ver0ns Fr0g0stiger
Frackverl0her. Dort hat 0nes der Mitglieder anlässlich
der Konfirmation s0ner Tochter 0ne Maibowle spen-
diert, und da habe ich denn sehr viel Rh0nw0n auf das
Wohl des verehrten Jubelgr0ses trinken müssen, w0l
man ja nicht alle Tage zw0undneunzig Jahre alt wird.«
Frau Osterm00 schenkte diesen Beteuerungen k0nen
Glauben, sondern sagte nochmals: »0 0, m0n Lieber!«
Worauf ihr Papag0 die ersten zw0 Worte »0 0« wohl
dr0ßigmal laut wiederholte. Über das Geschr0 des
Papag0s geriet H0nrich in solche Wut, dass er 0n B0l

ergriff und sämtliche 0000 zerschlug. Frau Osterm00 wurde kr0debl0ch und lief, triefend von 0gelb, zur Poliz0. Ihr Mann aber ließ sich erschöpft auf 0nen Stuhl nieder und w0nte l0se vor sich hin. Bis ihm der Papag0 von oben herab 0n Oster0 in den Schoß warf. Da war alles vorb0.

Ostermärchen

CHRISTIAN MORGENSTERN

Es war einmal ein kleiner Junge, dem träumte in der Nacht vom Ostersamstag zum Ostersonntag, er läge nicht in seinem Bettchen in der warmen Stube, sondern draußen auf der Wiese unter dem blassen Vollmond und den silbernen Sternen. Dort läge und schliefe er, warm eingehüllt, damit ihm der Nachtwind nicht schade, der die Blütenzweige über ihm leise bewegte. Und ihm zu Häupten – so träumte ihm – stände ein mit Blättern ausgelegtes Körbchen auf dem Rasen, und drei Osterhäslein wären damit beschäftigt, die schönen Eier, die in dem Körbchen lagen, zu ihm hinzutragen, sie ihm sacht unter die Hand zu schieben und auf den Arm zu legen; und wenn er dann erwachte, dann würde er all die schönen Eier finden und mit ihnen zu Vater und Mutter springen dürfen. So träumte unser kleiner Junge in der Nacht zum Ostersonntag. Als es aber zwischen fünf und sechs Uhr morgens war – oder war es noch nicht einmal so spät –, da erwachte Fritz, denn so hieß der kleine Knabe, und sprang aus dem Bette. Nun, Eier lagen freilich keine auf seinem Arm oder in seiner Hand – das musste ihm also wohl bloß so geträumt haben. Aber Ostermorgen war es wirklich. Da sollte man doch wenigstens in den Garten hinunterschauen, denn wer weiß, wer weiß …? Und Fritzchen stieß rasch die Fensterläden auf – da stand aber sein Mäulchen auch gleich offen, ganz ebenso offen wie die Fensterläden. Nein, seht doch, seht doch nur! Was war das aber auch für eine Ostermorgenpracht! Der Himmel war von der ersten Morgenröte so zart und rosig gefärbt, wie das eben nur an einem Ostermorgen sein konnte, wo auf allen Beeten Ostereier lagen, kreuz und quer, große und kleine in allen Farben, so dass der Himmel durchaus nicht zurückbleiben durfte, sondern zeigen musste, dass auch er in gar köstlichen Farben prahlen und strahlen könne, er, der junge leuchtende Ostersonntagsmorgenhimmel, über dem noch die letzten blassen Sterne der Nacht funkelten, wie als ob auch sie noch ein klein wenig von all der Osterherrlichkeit erhaschen wollten. Draußen im Garten aber begann jetzt ein reges Leben. Hin und her sprangen die munteren Osterhäschen, legten noch hierhin und dorthin ein schönes buntes

Ei, das eine nach dem einen Ende des Gartens, das andere nach dem andern. Und welche wieder saßen mit gespitzten Ohren – oder vielmehr Löffeln (denn so nennt man ja die Ohren des Hasen) – um einen Eierkorb und bewachten ihn, bis dann später die Kinder kämen. Inzwischen ging die Sonne schon halb auf, und der Mond, der alte Nachtwächter, wurde immer schläfriger und schläfriger und dachte: Jetzt werde ich wohl auch bald nach Hause gehen können. Ja, das war eine drollige Geschichte! Saß da auch so einer von unseren fleißigen Osterhäschen unter den lieblichsten Blütenzweigen, die man sich denken kann, und legte eben ein wunderschönes Osterei nach dem anderen – als vier Schmetterlinge angeflogen kommen und ihn ganz ohne Scheu umflattern. Ja, der eine hält gar seinen weichen, braunen Rücken für ein höchst behagliches Ruhekissen, auf dem man sich – warum auch nicht? – wohl auf eine Weile niederlassen und ausrasten könnte. Unser kleiner Hasenfreund hat zwar gegen diese lichtfarbigen Sommerkinder sonst nicht viel einzuwenden – aber sollte das nicht schließlich doch über den Spaß gehen? Man ist doch ein großer, ausgewachsener Hase und darf also wohl einen gewissen Respekt fordern! Wo käme die Welt denn hin, wenn solch ein kleiner kecker Geselle sich einem einfach auf den Rücken setzen dürfte, als wäre man nur eben ein Sofa für ihn – und das noch dazu während eines so wichtigen Geschäftes! Nein, nein, man darf unserem Freund sein sehr erstauntes Gesicht wahrlich nicht übel nehmen, auf dem unverkennbar geschrieben steht: Ich finde das sehr, sehr merkwürdig! Es mochte acht oder neun Uhr sein, da gingen die Eltern mit den Kindern durch den Garten. »Nun wollen wir doch einmal sehen«, sagten sie, »ob euch die Osterhasen auch schöne Eier versteckt haben!« Voraus aber ging Nesthäkchen, das Kleinste, und richtig! Da hatte es auch schon drei Eier gefunden, die auf einem Häuflein zusammen lagen: ein rotes, ein blaues und ein gelbes Ei. Der Vater aber streckte die Hände aus und rief: »So, nun gib sie mir, mein Liebling! Und ich gebe sie dann der Mutter in ihr Körbchen, nicht wahr?« Die Mutter aber sah gerade zu dem Blütenstrauch hin, unter dem Fritz eine Menge Ostereier entdeckt hatte – was ja freilich auch nicht gar so schwer war. Fritz aber war gleichwohl ganz stolz darauf, als wäre er wunder wie schlau gewesen. »Was meinst du«, sagte der eine Hase draußen auf dem Wiesenhügel zum anderen, »sollten wir nicht durch dieses offene Fenster hier in die

Wohnstube hineinhoppeln?« »Ja, ja, das tun wir«, meinte der andere. »Denn hier draußen, da haben wir ja den Leuten vom Hause schon eine ganze Osterbescherung aufgebaut – also werden sie wohl nichts dagegen haben, wenn wir unsere Ostereier auch noch drinnen verstecken.« »Gewiss nicht«, sagte der andere. »Und dann, weißt du, gibt es nichts Lustigeres, als solch ein Wohnzimmer heimlich mit Ostereiern auszulegen. Da macht man zuerst die schönsten Figuren auf dem sauberen weißen Tischtuch, und dann kommt die Kommode an die Reihe und dann der Lehnstuhl und dann das Sofa.« »Also dann los! Hopp du nur voran, ich komme schon mit.« Als die Osterhasen nun mit allem fertig sind und richtig in der Stube drin sitzen und mit ihnen noch drei kleine Hasenkinder, die so lange gebettelt hatten, bis sie ihnen erlaubten, mitzukommen – da läuft plötzlich Nesthäkchen herein, das jüngste Töchterchen, das ein paar Stunden früher ein rotes, ein blaues und ein gelbes Ei gefunden hatte. Das sieht nun die Hasen und Hasenkinder ganz einfach auf dem Tisch und dem Sofa und den Stühlen sitzen, so als wäre das ganz selbstverständlich. Und nun gucken sie sich ganz erstaunt an, Nesthäkchen und das eine Hasenkind, das eine Hasenkind und

Nesthäkchen. Aber fürchten tun sie sich nicht im mindestens voreinander, das kleine Menschenkind und das kleine Hasenkind – und das ist recht so, und das ist gerade das Schöne dabei. Nur der eine alte Hase, der macht einen gewaltigen Satz vom Tische weg. Da sind die Hasenkinder doch viel vernünftiger. Bim Bam Baum Bom – Bim Bam Baum Bom – das läutet und läutet vom Turm, und die Schneeglöckchen und Märzbecher und die anderen kleinen Blumenglocken läuten auch noch dazu, nur sehr viel leiser und ferner: Bim Bam Baum Bom ... Ach, dieses viele Herumlaufen und Eiersuchen! Soll man da nicht ein ganz, ganz klein wenig müde werden dürfen? Bim Bam Baum Bom – so wohl und so fein läutet es dich in Schlaf und Traum. Was läutet er wohl, der Glockenturm mit den vielen schönen Glocken? Ei, das will ich dir wohl sagen: er läutet Ostern ein! »Ostern?«, sagst du, »nun ja – Ostern!« Weißt du denn auch so recht von Herzen, was Ostern ist? Ostern oder Auferstehungszeit? Ja, du liebes Kind, fühlst du denn auch so recht, was das für ein Fest ist, das diese Glocken dort vom Turm so freudig einläuten mit ihrem hellen, klingenden Bim Bam Baum Bom, dass die Lerchen, die droben im blauen Himmel jubilieren, kaum wissen, wie sie mit ihren kleinwinzigen Kehlen da noch mitkommen sollen? Heute, in dieser heiligen Osternacht, da waren der Winter in seinem großen weißen Schafspelz und der Frühling in seinem leichten blau und weiß gestreiften Anzug zum letzten Mal zusammen. Denn da hat der alte Winter seinem Sohne auf die Schulter geklopft und hat ihm seinen Königsring gegeben, seinen Königsring aus purem Golde und einem purpurnen Edelstein inmitten, und hat zu ihm gesagt: »So, jetzt sei du König. Ich bin alt und will in meine Höhle hinten im Walde gehen, da, wo der Dachs wohnt, unter den vom Wind gestürzten Tannen, und der Uhu, der nachts umherfliegt und seinen Ruf ruft und mit seinen glühenden Augen durch die finsteren Zweige äugt. Da, ja, da gehöre ich nun hin – und in diese Welt hier«, – dazu machte der Winter eine große, alles umfassende Handbewegung über die junge Wiese hin, auf der sie standen und aus deren schwachem Gras schon die Märzveilchen lugten, und über die jungen Wälder, in denen die weißen, zarten Birken zu knospen anfingen und die Kätzchen schon munter sprossen, und über den jungen Himmel hin, an dem eine ganz große Herde grauweißer Lämmerwölkchen dahinzog und wartete, bis Mond und Sterne untergegangen wären und sie die liebe rote Sonne auf ihren Pelz kriegen würden –, über all das machte der Winter solch eine mächtige, weit ausladende Handbewegung hin und sagte: »In diese Welt gehörst jetzt du. Jetzt blase du dein süßes, gewaltiges Hirten- und Auferweckungslied, dass die Erde zu blühen anfängt wie ein einziger wunderseliger Garten und morgen früh alle Menschen, groß und klein, alt und jung, wissen und sehen und schmecken und fühlen, dass du gekommen bist, du, der Frühling, mein lieber Sohn! Den Tag aber, wo sie das zum erstenmal so ganz überwältigend sehen und schmecken und fühlen (also den morgenden Tag, wenn du nur recht dein Werk tust), diesen Tag, den nennen die Menschenkinder Ostern nach deiner lieben Mutter, meiner königlichen Gemahlin Ostara, von der du all deine Schönheit und deinen Frohsinn geerbt hast, du wilder Zauberer und Götterliebling!« Und wie er das so sagte, der alte weißbärtige Winter, und dabei sich auf die flachsblonden Goldlocken seines Sohnes niederbeugte, um ihn zu segnen, da wurde ihm ganz weich ums Herz, so dass ihm ein riesiger Eiszapfen auf der linken Wange schmolz und auf den Frühling in seinem leichten Anzug herniedertropfte. Da lachte der sein hellstes Lachen und rief,

71

indem er die Arme schnell noch einmal um den Vater schlang, ihn mitten auf den Mund küsste und dann nach dem Wander- und Hirtenstab sprang, der unweit über dem munteren Wiesenbach quer drüber gleich wie ein Brücklein lag: »Aber, Herr Vater! Wir sehen uns doch wieder im Oktober oder im November oder spätestens zu Weihnachten – oder glaubt der Herr Vater, ich würde dies Jahr nicht wiederkommen mit meinem Korb voll pausbäckiger Äpfel und …« »… und dass du mir ja guten Wein mit heimbringst«, lachte der Alte nun auf und wischte sich mit dem Schafspelzärmel den Rest des Eiszapfens vom zwinkernden Auge. »Soll geschehen! Soll geschehen!«, hallte es nun schon von jenseits des Baches wider; denn der Frühling begann jetzt auszuschreiten, um sein großes Auferweckungswerk zu vollbringen. »Vergiss mir auch die Kinder nicht, und dass die Osterhasen auch ihre Pflicht tun!«, war das letzte, was er von dem Alten noch hörte. Dann zogen sie ein jeder seines Weges, der Winter in seinen Wald und der Frühling hinaus über die weite Erde. Seht ihr, das hat nun alles der kleine Junge hier auf der Wiese geträumt, und ganz gewiss waren es die Blumenglöckchen, die ihm diesen Traum vom alten Winter und vom jungen Frühling

zugeläutet haben. Denn, Kindlein, alles, was Glocken heißt, das hat ja der Frühling besonders lieb. Das muss ihm wecken helfen. Die Augen, die weckt er mit all den köstlichen bunten Farben, mit dem Blau des Himmels, dem Gelb der Schmetterlinge, mit dem Grün der Wiesen und dem Rot der Blumen. Und damit auch, wie solch ein Pflänzlein geformt und bebildet ist: bald als Stern, bald als herzförmiges Blatt, bald als ein Becherchen, aus dem die Bienen trinken werden, bald als ein Glöcklein und bald als ein Röcklein. Die Nasen aber weckt er auf mit dem Gesang der Vögel und dem Jubel der Kinder und dem Summen der Bienen. Doch das genügt ihm immer noch nicht: und da ist er denn über die Maßen froh, dass die Menschen Türme gebaut haben mit Glocken darin, ganz eigens dafür bestimmt, ihm wecken zu helfen. Aber selbst das wäre ihm noch nicht genug. Denn wenn nun doch ein Kind trotz all der lauten Turmglocken mitten auf der Wiese mitten in der Morgensonne und noch dazu neben einem Korb, gefüllt mit großen bunten Ostereiern, eingeschlafen ist wie unser kleiner Fritz? Ja, was dann? Dann braucht er eben noch andere Glocken; solche, die noch ganz anders läuten als die großen, plumpen Glocken aus Kupfer und Eisen; solche, die man nur hören kann, wenn es so still in einem ist, dass man sonst gar nichts hört von der ganzen Welt um einen herum; die einen ganz drinnen, ganz tief drinnen aufwecken, dass auch die kleinsten, verborgensten Herzlein des Frühlings voll werden, dass alles Gute und Liebe in ihnen die Augen aufschlägt. Dann sagen solche Herzlein wohl ganz leise im Traum: »Oh, wie gut ist doch das alles! Wie gut sind Vater und Mutter, wie sorgen sie für mich, wie beschenken, wie erfreuen sie mich. Und auch die lieben Osterhasen, dass auch sie an mich gedacht haben! Und all die Blümchen und Vöglein und Schmetterlinge, wie gut sind sie alle! Ich will auch gut sein, ich auch, ich kleiner Mensch, ich will auch so lieb und gut sein wie sie alle, mein ganzes Leben lang.« Ihr Kinder, liebt mir die kleinen Glockenblumen und tut ihnen, ihnen ganz besonders, nie etwas zu Leide. Dafür, müsst ihr wissen, begleiten sie euch auch überallhin, wohin ihr nur kommt: ihr findet sie im Tale wieder und auf den hohen Bergen und am Meeresstrande – und immer werden sie euch etwas Liebes zu sagen haben, wenn ihr müde geworden seid und die großen ehernen Glocken der Welt nicht mehr hört und auf der Wiese eingenickt seid wie hier unser kleiner guter Fritz. Als der Abend dieses schönen

Ostertages gekommen ist und die Kinder in ihren Bettchen liegen, da setzt sich die Mutter noch ein Weilchen zu ihnen und erzählt ein wenig von der weiten
Reise der Sonne, vom Ostermond und von den Sternen. Dann singt sie ihnen ein Schlummerliedchen,
und das wollen wir nun alle ganz leise mitsingen:
Träum, Kindlein, träum! Im Garten steh'n zwei Bäum.
Der eine, der trägt Sternlein, der and're Mondenhörnlein. Da kommt der Wind der Nacht gebraust – und
schüttelt die beiden mit rauher Faust. Das Monden-
hörnleinbäumlein steht, als wäre gar kein Wind, der
weht. Dem Sternenbäumlein aber, ach, dem fallen
zwei Sternlein in den Bach. Da kommen zwei Fisch-
lein munter – und schlucken die Sternlein hinunter.
Und hätte es nicht sterngeschnuppt, so wären sie nicht
so schön geschuppt. Träum, Kindlein, träum, im Garten steh'n zwei Bäum ... Der eine, der trägt Sternlein,
der and're Mondenhörnlein ... Träum, Kindlein,
träum ...

Ostern

JOACHIM RINGELNATZ

Wenn die Schokolade keimt,
wenn nach langem Druck bei Dichterlingen
Glockenklingen sich auf Lenzeschwingen
endlich reimt,
und der Osterhase hinten auch schon presst,
dann kommt bald das Osterfest.

Und wenn wirklich dann mit Glockenklingen
Ostern naht auf Lenzesschwingen, –
dann mit jenen Dichterlingen
und mit deren jugendlichen Bräuten
draußen schwelgen mit berauschten Händen –
ach, das denk ich mir entsetzlich,
außerdem – unter Umständen –
ungesetzlich.

Aber morgens auf dem Frühstückstische
fünf, sechs, sieben flaumweich gelbe frische
Eier. Und dann ganz hineingekniet!
Ha! Da spürt man, wie die Frühlingwärme
durch geheime Gänge und Gedärme
in die Zukunft zieht,
und wie dankbar wir für solchen Segen
sein müssen.
Ach, ich könnte alle Hennen küssen,
die so langgezogene Kugeln legen.

Ostermärchen

JOACHIM RINGELNATZ

Am Abend vor Gründonnerstag lag der kleine Fritz mit wachen Augen im Bett und konnte nicht einschlafen. Beständig musste er an morgen denken, wo er mit seinen Geschwistern – wie alle Jahre – Ostereier suchen würde. Wie viele es wohl sein und wie sie wohl aussehen und wie groß sie sein würden? Während er noch darüber nachsann, hörte er plötzlich hinter sich ein feines Stimmchen seinen Namen rufen. Mehr erstaunt als erschreckt drehte er sich um und sah – einen kleinen Hasen auf dem Stuhl am Kopfende seines Bettes sitzen. »Mein Name ist Kohlfraß«, sagte das Häschen, »darf ich dich zu einem Spaziergang einladen?« Fritzchen verwunderte sich zwar ein bisschen über den Einfall, jetzt spazieren zu gehen, erklärte sich aber bereit und folgte, nachdem er sich angezogen, dem Häschen, das im schnellen Laufe durch Zimmer und Vorsaal die Treppe hinunter, zur Stadt hinaus, über Wiesen und Felder voraneilte. Schneller war

Fritz noch nie gelaufen. Endlich hielt sein Führer vor einem hohen Felsen. »Dies ist der Osterhasenpalast«, sagte Kohlfraß. »Hier werden die Eier verfertigt, die wir Hasen dann in den Gärten und Stuben für artige Kinder verstecken. Eigentlich dürfen Kinder hier nicht hinein. Da du aber besonders brav gewesen bist, so will ich dir heute einmal alles zeigen.« Hierauf zog das Häschen aus einem seiner Ohren ein Schlüsselchen hervor, das es in eine Felsritze steckte. Sogleich öffnete sich eine Türe, und sie traten in einen finstern Gang. Plötzlich ward es hell, und nun standen sie vor einem ungeheuren offenen Tore, durch das man in einen großen, hellen Saal schaute, der wieder in drei kleinere Säle abgeteilt war. Vor dem Tore stand eine Hasenschildwache mit einem Gewehre, das sie sofort auf Fritzchen anlegte. Dieser flüchtete entsetzt hinter seinen Begleiter. Kohlfraß aber raunte der Schildwache nur ein Wörtchen zu, worauf diese sogleich das Gewehr senkte und ehrerbietig präsentierte. Die zwei traten nun in den ersten Saal. »Hier werden die Eier gelegt«, erklärte Kohlfraß. Fritzchen sah mit Staunen: Da kauerten Tausende von Hasen und Häschen am Fußboden, der mit weichem Moos belegt war. Sie hielten sämtlich die Vorderpfoten in die Seiten gestemmt und stöhnten und keuchten ganz schrecklich – das Leben musste doch sehr anstrengend sein! –, während der Eierhaufen neben einem jeden immer größer und größer wurde. Es waren auch Zuckerhasen darunter, die legten natürlich Zuckereier. Fritzchen sah auch welche aus Marzipan, Schokolade, ja aus Glas – und sogar aus purem Golde! Ging einmal ein Ei entzwei, dann geschah etwas Schnurriges: Es schlüpfte nämlich sofort ein Häschen heraus, das gleich fleißig mit legen half. Andere Hasen gingen umher, sammelten die Eier in Körbchen und trugen diese fort. Fritzchen wurde nun von seinem Begleiter in den zweiten Saal geführt. Hier saßen Tausende von Hasen auf Kohlblättern, große Farbtöpfe neben sich und Pinsel in den Pfoten. Fritzchen bemerkte, dass sie fast alle mit Farbenklecksen bespritzt waren. Sie trugen große Brillen auf der Nase, ließen die Ohren hängen und taten sehr wichtig. »Die Maler«, erklärte Kohlfraß. Fritzchen beobachtete mit Vergnügen, wie die langohrigen Künstler mit erstaunlicher Geschwindigkeit die Eier rot, gelb, blau und grün bepinselten, allerlei Figuren hineinkratzten und auf den Zucker- und Schokoladeneiern mittels kleiner Spritzen Herzen, Namenszüge und andere Formen aus Zuckerguss anbrachten. Die auf diese Weise fertiggestellten Eier wurden von anderen Hasen in den dritten Saal geschafft, wo sie, sorgfältig mit Moos umhüllt, in Körbe gepackt und von Hasendienstmännern fortgetragen wurden. Fritzchen war inzwischen von Kohlfraß in den dritten Saal vor den Osterhasenkönig gebracht worden. Dieser, ein Hase von riesenhafter Größe, saß in einer ungeheuren Eierschale, von einer Schar von Hasenhöflingen umgeben, die alle bei Fritzchens Eintreten aufsprangen und höflich Männchen machten – was bei den Hasen dasselbe wie bei unseren Soldaten das Salutieren ist. Seine Majestät hatte erstaunlich lange Ohren, die durch den ganzen Saal reichten und deren er sich ab und zu bediente, einem unfolgsamen Untertanen eine Ohrfeige zu verabreichen. Er redete übrigens Fritzchen sehr freundlich und leutselig an, riet ihm, immer so brav und gut zu bleiben wie bisher, und überreichte ihm schließlich ein Osterei. Hoch erfreut seinen Dank stammelnd, wollte Fritzchen es entgegennehmen, erfasste es auch bereits, da – o weh! – entglitt es seiner Hand und zerschlug – klack! – auf dem Fußboden. Sogleich kamen eine Menge Hasen daraus hervor, sie fingen an zu legen und legten und legten – ein Ei nach dem andern in einem fort! Im Nu war der ganze Boden mit Eiern bedeckt. Die Hasen aber legten weiter und immer weiter: Jetzt reichte der Eierhaufen schon bis an Fritzchens Schultern. Und mit einem Mal ward es ihm schwarz vor den Augen, ihn überkam eine furchtbare Angst, er schrie laut auf und – erwachte. Er lag in seinem Bette: Alles war verschwunden, bis auf ein kleines Schokoladenei, das er in der Hand hielt. Darauf stand ein K und ein L: König Lampe.

Der Hase und der Fuchs

LUDWIG BECHSTEIN

Ein Hase und ein Fuchs reisten beide miteinander. Es war Winterszeit, grünte kein Kraut, und auf dem Felde kroch weder Maus noch Laus. »Das ist ein hungriges Wetter«, sprach der Fuchs zum Hasen, »mir schnurren alle Gedärme zusammen.« »Ja wohl«, antwortete der Hase. »Es ist überall Dürrhof, und ich möchte meine eignen Löffel fressen, wenn ich damit ins Maul langen könnte.«

So hungrig trabten sie miteinander fort. Da sahen sie von weitem ein Bauernmädchen kommen, das trug einen Handkorb, und aus dem Korb kam dem Fuchs und dem Hasen ein angenehmer Geruch entgegen, der Geruch von frischen Semmeln. »Weißt du was!«, sprach der Fuchs: »Lege dich hin der Länge lang, und stelle dich tot. Das Mädchen wird seinen Korb hinstellen und dich aufheben wollen, um deinen armen Balg zu gewinnen, denn Hasenbälge geben Handschuhe; derweilen erwische ich den Semmelkorb, uns zum Troste.«

Der Hase tat nach des Fuchsen Rat, fiel hin und stellte sich tot, und der Fuchs duckte sich hinter eine Windwehe von Schnee. Das Mädchen kam, sah den frischen Hasen, der alle Viere von sich streckte, stellte richtig den Korb hin und bückte sich nach dem Hasen. Jetzt wischte der Fuchs hervor, erschnappte den Korb und strich damit querfeldein, gleich war der Hase lebendig und folgte eilend seinem Begleiter. Dieser aber stand gar nicht still und machte keine Miene, die Semmeln zu teilen, sondern ließ merken, dass er sie allein fressen wollte. Das vermerkte der Hase sehr übel. Als sie nun in die Nähe eines kleinen Weihers kamen, sprach der Hase zum Fuchs: »Wie wäre es, wenn wir uns eine Mahlzeit Fische verschafften? Wir haben dann Fische und Weißbrot, wie die großen Herren! Hänge deinen Schwanz ein wenig ins Wasser, so werden die Fische, die jetzt auch nicht viel zu beißen haben, sich daran hängen. Eile aber, ehe der Weiher zufriert.« Das leuchtete dem Fuchs ein, er ging hin an den Weiher, der eben zufrieren wollte, und hing seinen Schwanz hinein, und eine kleine Weile, so war der Schwanz des Fuchses fest angefroren. Da nahm der Hase den Semmelkorb, fraß die Semmeln vor des Fuchses Augen ganz gemächlich, eine nach der andern, und sagte zum

Fuchs: »Warte nur, bis es auftaut, warte nur bis ins Frühjahr, warte nur bis es auftaut!« und lief davon, und der Fuchs bellte ihm nach, wie ein böser Hund an der Kette.

Die Entlarvung des Osterhasen

ERICH KÄSTNER

Ich muss ein geradezu reizendes Kind gewesen sein. –
Wer mich noch nicht lange genug oder gar nicht kennt,
der kann das nicht beurteilen. Denn ich habe mich im
Laufe der Jahre ziemlich verändert … Trotzdem soll
mich niemand um Fotografien aus jener Zeit bitten,
damit er meine damaligen Vorzüge begreife! Nicht
etwa, dass solche Fotografien nicht existieren! Aber sie
werden mir nicht gerecht; ich bin darauf einfach nicht
gut getroffen. Eher möchte ich schon empfehlen, sich
an meine Mutter zu wenden, deren Adresse mitzutei-
len ich gern erbötig bin. Ihre Auskünfte, sicher auch
die meiner Tante Lina, ferner die weit zurückreichen-
den Erinnerungen des Fräuleins Haubold aus der Fär-
bereifiliale und der Bäckermeisterin Wirth – um nur
einige Kronzeugen meiner Kindheit zu nennen –, kurz,
eine imposante Summe des vollsten Vertrauens werter
mündlicher Überlieferung wäre recht wohl dazu geeig-
net, auch den letzten Zweifel gegenüber meiner

Behauptung zu entkräften, die ich zu meinem eigenen Bedauern wie einen mathematischen, jedes Beweises gern entratenden Lehrsatz wiederholen muss: Ich muss ein geradezu reizendes Kind gewesen sein. – Nichts wird dem, der Gemüt zu besitzen vorgibt, verständlicher sein, als dass ich mich mit einer ans Leidenschaftliche grenzenden Vorliebe jenes vergangenen Lebensabschnittes erinnere, in dem es mir vergönnt war, staunende Beachtung zu finden. Ja, ohne Übertreibung darf ich es aussprechen: Ich werde mir unvergesslich bleiben ... Wie wundervoll war es doch, das Raunen der Erwachsenen zu kosten, wenn ich anlässlich der öffentlichen Osterprüfungen vor das Katheder trat, um ein Gedicht von Viktor Blüthgen oder Ludwig Uhland zu deklamieren! Wie ergriff mich die Feststellung, dass die Augen des Oberlehrers voller Zärtlichkeit auf mir ruhten und dass über die Wangen auch der neidischsten Mütter Tränen der Rührung bis zu Erbsengröße rollten! Oft hat man böse Worte gegen die Musterschüler gesprochen und geschrieben; man hat sehr unrecht daran getan. Mehr sage ich nicht, obwohl gerade ich dazu berufen wäre; denn ich war ein Musterschüler, wie er prächtiger und exemplarischer nicht wieder zur Welt kommen dürfte ...

Musterschüler zu sein ist eine keineswegs jedem Beliebigen zugängliche Aufgabe. Es ist vielmehr ein Talent, dessen Geheimnis darin besteht, den Lehrern nicht nur Freude zu machen, sondern sogar Freude an ihnen zu haben. Wer zweifelt noch daran, dass dies besondere Eignung voraussetzt? Am liebsten rufe ich Erinnerungen an das erste Schuljahr wach ... Denn jener Schritt, mit dem ich über die Schwelle des Klassenzimmers stolperte, dass die Zuckertüte ihre bunte Spitze und ihren süßen Inhalt verlor – jener Schritt bedeutete das Heraustreten des Kindes aus dem engen Kreis der Familie in die Bezirke des öffentlichen Lebens; jener Schritt galt gewissermaßen der erstmaligen Ausübung staatsbürgerlicher Pflichten. Ich wage nicht zu behaupten, dass mir damals die ganze Schwere jenes stolpernden Schrittes klar zum Bewusstsein gekommen wäre. Das wohl nicht. Aber im Herzen des zum Bürger geborenen Kindes muss sich dergleichen instinktiv geltend machen, ehe es mit dem Kopfe begriffen wird. So erging es mir. – Und ähnlich, wie ich die Bedeutung des Schulbeginns empfand, sollte ich bald auch die der Persönlichkeit nachteiligen Folgen des öffentlichen Lebens spüren. – Der Lehrer meines ersten Schuljahres hieß Bremser. Genauer: Herr

Bremser. Ihm verdanke ich wesentliche Förderungen. Sein Name soll mich nicht ungerecht machen. Ohne jede Übertreibung darf ich sogar sagen: Ich habe seitdem nicht mehr allzuviel hinzugelernt. Natürlich einzelne Dinge, tausend Zahlen, windige Neuigkeiten, das wohl. Doch was ich ihm verdanke, ist weit mehr. Er lehrte mich die Wirklichkeit sehen: er ließ mich wissen, dass nichts ohne Ursachen und Folgen geschieht und dass die Phantasie ein Organ ist, das weggeschnitten zu werden verdiente, da es doch nichts nützt und, wenn es sich bemerkbar macht, schlimme Erkrankungen hervorruft. Und das kam so: Die letzte Stunde vor den Osterferien – ein ganzes Jahr war bereits verflossen –, diese letzte Stunde wurde weder mit komplizierten Schreibübungen, noch mit einstelligen Rechenkünsten zugebracht, sondern mit improvisierten Darbietungen des Lehrers selber. Eine fraglos schöne alte Sitte. Er ging so weit, dass er uns fragte, was er denn nun erzählen solle. Wie ein Magier, der jeden Wunsch zu erfüllen imstande ist, lehnte er seine halbkugelrunde Weste gegen die Bordkante des Katheders und ließ Blicke väterlicher Güte über die kleinen Männer gleiten. Da zuckte es in den vorschriftsmäßig gefalteten Händen; da wurden die arglosen Gesichter

89

nachdenklich; da gingen die wunderlichsten Wünsche und Rätsel hinter den sauber gekämmten Haarschöpfen spazieren. Herr Bremser war die Geduld in Person. Ermunternd wanderten seine Augen von einem zum anderen. Schließlich sagte irgendein munteres Stimmchen: »Etwas vom Osterhasen!« Dieser Wunsch war, da Ostern vor der Schultür stand, vollkommen begreiflich. Und ebenso begreiflich war es, dass alle einverstanden waren. Jeder war willens, etwas vom Osterhasen zu hören. Freilich nicht die allgemein bekannten Tatsachen vom Legen, Färben und Verstecken der Eier, nein, etwas Apartes! Am liebsten eine kleine spannende Geschichte, in der jener wundervolle Hase die Heldenrolle spielen sollte ... Herr Bremser nickte mit dem Kopf, schwenkte das eine Bein über die Kathederecke, wie er das so zu tun liebte, schaute sinnend in den Schulgarten hinaus, der schon zu grünen anhub, räusperte sich und sagte: »Ja, glaubt ihr denn noch an den Osterhasen?« Und von dem Bedürfnis hingerissen, Kinderpsychologie experimentell zu betreiben, fuhr er fort: »Also – wer noch an den Osterhasen glaubt, der hebe die Hand!« Schon reckte er den Arm, um besser zählen zu können. – Aber niemand hob die Hand ... So sicher es war, dass alle an den Osterhasen glaubten, so klar wurde es ihnen plötzlich, dass dieser Glaube ein Zeichen von Dummheit sei. Welcher Mensch aber hat den Mut, sich zu seiner Dummheit zu bekennen? Und gar welches Kind? Mit einem Male wussten alle, dass es keinen Osterhasen gab. Niemand wusste noch, wie sich das Eierlegen sonst erklären lasse. Nun, diesen Bildungsdefekt zu beheben war das Werk einer kurzen Stunde. Der radikale Inventurausverkauf unseres Märchenglaubens kam überraschend. Ich kann es nicht leugnen. Und dass ich zu Hause schrecklich geheult habe und dass meine Mutter sehr geschimpft hat, weiß ich noch recht gut. Aber, nicht wahr, was will das besagen gegenüber der Tatsache, dass man uns an diesem Tage menschenunwürdigen Einbildungen entriss! Nun waren wir doch auf der kerzengeraden Marschroute in den Konfirmationsanzug! Noch ein paar Jahre Addieren und Dividieren, Bibelsprüche und Gesangbuchverse, Jangtsekiang und Ludwig den Bayern – das war das wenigste … An jenem Tage ging eine neue Sonne auf und eine alte Welt unter … Im Ernst: Wenn ich meinem Lehrer noch einmal begegnen sollte – der Wahrscheinlichkeitsrechnung nach kann er noch rüstig am Leben sein –, ich würde ihm sagen: »Werter Herr! Sie waren seinerzeit so liebenswürdig, mich etwas plötzlich auf die Wirklichkeit vorzubereiten, als Sie den Osterhasen umbrachten. Beim Fortschritt der Menschheit, an den Sie glauben, das war für mich ein wenig hart. Und wüsste ich, dass Sie noch heute an jenen Fortschritt glauben – ich bin gern bereit, Sie von diesem Märchen zu erlösen. Eine Liebe ist der andern wert.« Aber er wird mir nicht begegnen. Und das ist ebenso gut. – Heute hat sich wohl auch das geändert. Heute sagen die Kinder, während sie zur Welt kommen, zu ihren Eltern: »Also, dass ihr es wisst! Die Geschichte mit dem Storch, die könnt ihr euch schenken! Apropos, was haltet ihr vom Darwinismus?« Ja, der Fortschritt …

Ein Ostergedicht

HEINZ ERHARDT

Wer ahnte, dass zum Weihnachtsfest
Cornelia mich sitzen lässt?

Das war noch nichts: zu Ostern jetzt
hat sie mich abermals versetzt!

Nun freu ich mich auf Pfingsten –
nicht im geringsten!

Der Kommunionanzug

KARL VALENTIN

Ich kann mich noch gut erinnern, wia i rumglaufen
bin um an Anzug für den Buam. Was i da für a Laufe-
rei ghabt hab, das ist der Bua gar net wert. In sämtlichen Kleidererziehungsanstalten war ich in München,
beim Isidor Bach, beim Knagge & Peitz, beim Isidor
Kustermann, beim Heilmann & Littmann, nirgends
hab ich einen Kommunionanzug auftrieben. Pepperl
raucht die Zigarre, es wird ihm schlecht, er nimmt seinen Hut und geht ab. Der Kellner kommt herein und
serviert die Getränke, ab. Vater allein. Und da wo ich
ein auftriebn hätt, kostet ein Kommunionanzug heute
fünfundsechzig Mark, ja, ja, mir wars ja gnua, des
kann i mir als Mittelstandler net erlaubn, dass ich für
den Buam fünfundsechzig Mark am Tisch hinleg – ich
bin koaner von der Burschoisie, i muaß mir mei Geld
mit der Hände Fleiß verdienen, na i hab mir denkt,
koan neuen kannst net kaffa, kaff dir halt oan von
Herrschaften abgelegten Kommunionanzug, zua alle

Dandler bin i, in meine sämtlichen Stammkneipen hab i's rumerzählt, nichts wars, die ganze Hoffnung hab i schon aufgebn. Derweil schleicht sich ein Zufall ein. Kommt der Erlacher Franzl zu mir, a alter Spezi, ein Kriegskamerad von mir, mir san anno Siebazg mitanand z' Deisenhofen gstandn, Mann an Mann, Brust an Brust, direkt am Isarufer, wos so feucht war, der hat es erfahrn, dass i an Kommunionanzug kaufen will. Des gfreut mi, Franzl, hab i gsagt, sag i, aber es ist net gsagt, dass des, wo deim Hundsbuam passt, mein Knaben a passt – kurzer Rede langer Sinn, der Erlacher Franzl bringt den Anzug, Pepperl ziagtn o und – passt hat er! Er haut auf den Tisch. Hätt ja i im Leben net denkt, dass dem Pepperl der Anzug passt, wo er an Buam gar net kennt – kennt an Buam gar net – aber wia gsagt, der Erlacher bringt den Anzug, der Pepperl ziagtn o, und – passt hat er. Er haut auf den Tisch. No ja, die Ärmel warn zlang, des stimmt, de hat d' Muada dahoam abgschnittn, und de Sach war erledigt, aber so ist doch die ganze Sache furchtbar interessant. Und noch dazu will er mir den Anzug schenken – naa, sag i, Franzl, des gibt's net, es gfreut mi ja über alle Maßen, dass du mir den Anzug kredenzt – aber so sehr mich dein Antrag würdigt, so hat die Sache einen ganz anderen Haken, denn du bist selber ein armer Teufl, und wenn du mir schon den Anzug gibst, dann wollen wir die Sache finanziell regln. In dieser Beziehung bin ich ein Ehrenmann, da lass i mir nichts nachsagen. Aber wie gsagt, er bringt mir den Anzug, der Pepperl zieht ihn an und – passt hat er, das is ja das Horrende an der Angelegenheit. Man muss doch bedenken, dass er mein Buam noch mit keinem Auge erspähet hat. Kennt der an Buam net, sei Bua is vielleicht a Missgeburt, aber mei Bua is gwachsn wie eine Hyazinthe. Aber wie gsagt, der Erlacher Franzl bringt den Anzug, der Pepperl ziagtn o und – passt hat er! Er haut auf den Tisch und fällt damit zu Boden. Oha, jetzt hats mi abidraht – wo er an Buam gar net kennt – das ist ja das Frappante – ja, was is denn des? Er rutscht beim Aufstehen immer mit en beiden Füßen aus. Muaß i in meine alten Tag noch's Radlfahrn lerna.

Komm holder Mai

Der Mai ist gekommen,
die Bäume schlagen aus.
Da bleibe, wer Lust hat,
mit Sorgen zu Haus!

EMANUEL GEIBEL

Frühlingsball der Tiere

WILHELM BUSCH

Es war die erste Maiennacht.
Kein Mensch im Dorf hat mehr gewacht.
Da hielten, wie es stets der Fall,
die Tiere ihren Frühlingsball.
Die Gans, die gute Adelheid,
fehlt nie bei solcher Festlichkeit.
Obgleich man sie nach altem Brauch
zu necken pflegt. So heute auch.
»Frau Schnabel«, nannte sie der Kater.
»Frau Plattfuß!«, rief der Ziegenvater.
Doch sie, zwar lächelnd, aber kühl,
hüllt sich in sanftes Selbstgefühl.
So saß sie denn in ödem Schweigen
allein für sich bei Spiel und Reigen,
bei Freudenlärm und Jubeljux.
Sieh da, zum Schluss hat auch der Fuchs
sich ungeladen eingedrängelt.
Schlau hat er sich herangeschlängelt.

»Ihr Diener«, säuselt er galant,
»wie geht's der Schönsten in Brabant?
Ich küss' der gnäd'gen Frau den Fittich.
Ist noch ein Tänzchen frei, so bitt' ich.«
Sie nicht verschämt: »Oh Herr Baron!«
Indem so walzen sie auch schon.
Wie trippeln die Füße, wie wippeln die Schwänze
im lustigen Kehraus, dem letzten der Tänze.
Da tönt es vier mit lautem Schlag.
Das Fest ist aus, es naht der Tag.
Bald darauf, im frühsten Morgenschimmer,
ging Mutter Urschel aus, wie immer,
mit Korb und Sichel um verstohlen
sich etwas fremden Klee zu holen.
An einer Hecke bleibt sie stehn.
»Herrje, was ist denn hier geschehn?
Die Füchse, sag' ich, soll man rädern.
Das sind wahrhaftig Gänsefedern.
Ein frisches Ei liegt dicht daneben.
Ich bin so frei, es aufzuheben.
Ach, armes Tier«, sprach sie bewegt,
»dies Ei hast du vor Angst gelegt.«

Der Star und sein Weib

ERWIN STRITTMATTER

Sie saßen auf dem Dachfirst, das Weib zwanzig Zentimeter von ihm entfernt. Er stellte die Kehlfedern auf, spreizte die Flügel, pfiff, knarrte und machte seine Knickse. Er machte seine Knickse nicht zu ihr hin, er machte seine Knickse in die Welt hinaus, er machte sie zu den anblühenden Kirschbäumen hin, er verschleuderte seine Kräfte.

Dieses Getu zur Welt hin langweilte das Starenweib, dieses: Seht, wie ich liebe, seht, seht, seht, wie ich liebe! Die Starin war für Taten und trippelte seitlich auf dem First entlang und stieß den Starenmann, wie Menschen einander auffordern, mit der Schulter stoßen. Das Starenmännchen pfiff noch zwei Töne und sprang dann aufs hingehockte Weibchen, besorgte sein Liebesgeschäft, den Blick immer auf die anblühenden Kirschbäume gerichtet, und es sprang ab, und es pfiff schon wieder: Seht, seht, wie ich liebe, seht, seht, wie ich liebe!

Wie sachlich das Weibchen! Es flog zum Kasten, schlüpfte hinein, und man hörte es im Kasten rumoren, und man sah an den Halmen, die beim Schlupfloch herausstanden, dass es an der Wohnungseinrichtung arbeitete.

Erster Mai

LUDWIG THOMA

Ja, das war ein erster Mai!
Dreckig waren alle Straßen,
Auch der Wind hat kalt geblasen,
So, als wenn es Winter sei.

Uns're junge Mädchenschar
Trug verstärkte Unterhosen,
Und es konnte wohl erbosen,
Wem es etwa lästig war.

Nichts von Spitzen oder Mull!
Und von den Naturgenüssen
Hat man sich enthalten müssen,
Denn es war fast unter Null.

Alle haben sich geschont,
Die sonst gerne unterliegen,
Um nicht den Katarrh zu kriegen.
Und das heißt man Wonnemond!

Löwenzahn

HEINZ ERHARDT

Löwenzahn ist schon seit jeher
als höchst kriegerisch verschrien,
denn er lässt bei gutem Winde
Fallschirmtruppen feindwärts ziehn.
Und ich sitz auf der Veranda
und verzehre meine Suppe
und entdecke in derselben
zwei Versprengte dieser Truppe.

Warum Frau Kuckuck ihre Eier in fremde Nester legt

JOSEF GUGGENMOS

»Rotkehlchens!« Frau Kuckuck landete außer Atem auf dem Buchenast neben ihrem Mann. »Ich habe Frau Rotkehlchen gesehen, Halme im Schnabel! Kein Zweifel, Rotkehlchens fangen schon mit dem Nest an! Da gehe ich jede Wette ein!«

»Lass sie!«, entgegnete der Kuckuck gelassen. »Es kommt nicht darauf an, wer sein Nest zuerst fertig hat. Wer das beste Nest baut, der ist ein Mann! – Wir überstürzen nichts!«

»Nein!«, sagte die Frau.

»Wir werden ein Nest bauen ...« Der Kuckuck blähte sich auf und rief, als hielte er eine Rede vor versammelter Vogelschar: »Ein Nest, das sich sehen lassen kann!«

»Bestimmt!«, rief seine Frau. »Ich bin gleich wieder da!«

Als sie zur Buche zurückkam, trug sie ein Büschel

Halme im Schnabel. »Sieh dir diese Halme an! Ist das nicht Qualität? Als ich sie sah, da habe ich mir gesagt: Die müssen mit! So was lässt man doch nicht einfach stehen! Oder glaubst du vielleicht, diese Halme wären morgen noch da gewesen? Nach so was leckt sich doch jeder alle acht Zehen ab!«

Und schon begann sie die Halme zu einem Zweig zu flechten. Husch, flog sie fort. Husch, kam sie mit neuen Halmen wieder. So hätte sie ohne Zweifel weitergemacht, heute, morgen, übermorgen. Bis das Nest fertig gewesen wäre. Doch ihr Mann räusperte sich und sprach: »Was du da machst, Frau, ist grundverkehrt.«

»Wirklich«, sprudelte seine Frau hervor, »ein Frühlingswetter ist das heute! Ein Nestbauwetter, wie es im Buche steht! Sowas muss man ausnützen!« Und fort war sie. Doch als sie zurückkam, saß ihr Mahn breit vor dem angefangenen Nest. »Lass dir etwas sagen!«, sprach er. »So, wie du dir das denkst, geht es nicht. Du baust das Nest viel zu weit außen. Wo hast du deinen Kopf? Bedenkst du denn nicht, dass es auch einmal Sturm geben kann? Stell dir vor: Sturm! Sturm! Die Zweige schwingen auf und ab und hin und her. Und unsere armen Söhne und Töchter im Nest werden durcheinander gebeutelt ...«

»Durcheinander was?«

»Durcheinander gebeutelt. Hin und her geschleudert, dass ihnen Hören und Sehen vergeht, und womöglich wird eins gar aus dem Nest geworfen! Schon beim Gedanken daran wird mir übel. Nein! Das Nest so weit außen am Zweig zu bauen ist heller Wahnsinn!«

»Goldhähnchens drüben in der Fichte ...«

»Goldhähnchens! Sind wir Goldhähnchens? Wie kannst du uns mit diesen Wichten vergleichen? Und wenn diese ganze mickrige Sippe dort drüben aus dem Nest geschleudert wird – ist das ein Schaden? Wir ziehen Kuckucke auf! Und für Kuckuckskinder ist das sicherste Nest gerade gut genug. – Das Nest wird hier an den Stamm gebaut!«

Die Kuckuckin tat, wie der Kuckuck befohlen hatte. Sie löste die ineinander verwobenen Halme wieder auf und baute das Nest in die Astgabel am Stamm. Doch es dauerte nicht lange, da hatte Herr Kuckuck einen neuen Einfall: »Übrigens, was Goldhähnchens betrifft. In dem Einen muss ich ihnen Recht geben: Eine Fichte schützt besser als eine Buche. Wir bauen unser Nest auch in die Fichte. An den Stamm natürlich.«

Frau Kuckuck baute das Nest in die Fichte. Während sie sich plagte, saß ihr Mann in der Nähe und verfolgte ihr Tun mit gerunzelter Stirn. Hin und wieder machte er einen kleinen Ausflug. Als er wieder einmal von einem Abstecher zurückkam, seufzte seine Frau erleichtert auf und sprach: »Gleich ist es geschafft!«

»Wie?«, rief da der Kuckuck seiner Frau zu und tat sehr erstaunt. »Du willst doch nicht etwa sagen, dass unser Nest kein Dach bekommt?«

»Ein Dach?«, fragte seine Frau erschrocken. »Es geht auch ohne Dach! Haben Buchfinkens ein Dach gebaut? Kernbeißers? Dorndrehers? Goldammers? Bussards?«

»Aber Schwanzmeisens!«, erklärte Herr Kuckuck, »Das genügt! Sollen es unsere Kinder schlechter haben als die Schwanzmeisenkinder? Soll es auf die Kuckuckskinder regnen und vielleicht sogar schneien, während die Schwanzmeisenkinder im Trockenen sitzen? Nein, das lasse ich, der Vater, nicht zu! Wir bauen ein Dach!«

»Wir, wir!«, rief die Kuckuckin ärgerlich. »Hast du auch nur einmal die Zehe gerührt, um mir beim Bau zu helfen? Ich arbeite mich zu Tode, dass unsere Kinder ein ordentliches Nest bekommen, während du, der Vater, herumsitzt und zuschaust!«

»Es genügt nicht, ganz einfach draufloszuarbeiten«,

107

erklärte der Kuckuck. »Ohne sorgfältige Überlegungen kann nichts Ordentliches zu Stande kommen. Die Planung aber, diese schwierige Aufgabe, habe ich auf mich genommen. Und für dieses verantwortungsvolle Amt muss ich klaren Kopf behalten.«

»Ich denke, es ist reichlich genug geplant worden«, stellte Frau Kuckuck fest. »Es wird nämlich Zeit, dass ich mit dem Eierlegen beginne. Entweder du packst mit an oder wir lassen das Dach.«

Dem Kuckuck blieb nichts anderes übrig als seiner Frau heim Nestbau zu helfen. Doch sein Interesse an der Arbeit schien nicht sehr groß zu sein.

»Dahinten klopft einer«, sagte er nach einer Weile.

»Der klopft schon lange«, erklärte seine Frau. »Lass ihn klopfen! Wir müssen uns dranhalten, wenn wir das Dach noch rechtzeitig hinkriegen wollen.«

Der Kuckuck aber rief: »Ich muss doch schnell mal nachschauen!« Und erschwirrte ab.

»Wo treibst du dich herum?«, rief ihm seine Frau ärgerlich entgegen, als er zurückkam. »Unser Dach!«

»Das Dach kannst du dir schenken!«, erklärte der Kuckuck verächtlich. »Und dieses ganze lächerliche Nest dazu! Wie kann man seine Kinder einem solchen windigen Gebilde anvertrauen! Weißt du, wer dort hinten

gearbeitet hat? Der Specht! Er hat eine Höhle in eine Eiche gehauen. Eine Höhle in einer Eiche! Das nenne ich mir eine solide Kinderstube! Alles andre sind Faxen! Wir meißeln uns auch eine Höhle.« Die Kuckuckin wehrte sich energisch: »Wir können uns keine Experimente mehr leisten, dafür ist die Zeit zu kurz. Außerdem verstehe ich mich nicht aufs Meißeln.«

»Ja, Meißeln«, erklärte der Kuckuck großspurig, »das ist allerdings etwas anderes als Hälmchen-Flechten. Da muss ein Mann her! Ich suche jetzt eine ordentliche Eiche. Dann siehst du die Späne fliegen.

Es dauerte drei Stunden, bis der Kuckuck die geeignete Eiche gefunden hatte. Es war die mächtigste Eiche weit und breit, ein wahrer Baumriese. Der Kuckuck suchte sich eine Stelle auf der Südseite des Stammes aus. Er bog den Kopf zurück und schlug dann mit voller Wucht mit dem Schnabel zu, wie er es beim Specht gesehen hatte. Darauf saß er wie betäubt. Es dauerte fünf Minuten, bis er nur im Stande war, seinen Kopf zu schütteln. Kein Span war geflogen. Eine winzige Delle in der rissigen Borke der Eiche, das war alles.

»Es muss am Baum liegen«, meinte er kleinlaut. Er versuchte seine Kunst noch an einer Pappel und an einer Weide. Vergebens.

»Fliegen wir zu unserer Fichte zurück«, sagte die Kuckuckin, »ich muss mit dem Eierlegen beginnen. Zu einem Dach haben wir es nicht mehr gebracht; aber bei anderen muss es auch so gehen.«

Auf der Fichte erwartete die beiden eine böse Überraschung. Das verlassene Nest war von Vögeln, die noch Material brauchten, geplündert und abgetragen worden.

»Da haben wir's nun!«, klagte Frau Kuckuck. »Alle haben ein Nest, nur wir nicht. So musste es kommen! Was mache ich nun mit den Eiern? Was mache ich nur?«

Am Ende fiel ihr doch etwas ein und sie sagte zu ihrem Mann: »Da du zu sonst nichts taugst, so schrei wenigstens, so laut du kannst.«

Und nun schreit der Kuckuck aus Leibeskräften. »Kuck, kuck!« Und während die anderen Vögel schauen, was es denn da zu kucken gibt, legt ihnen Frau Kuckuck heimlich die Eier ins Nest.

Maiengruß an den Redakteur

Joachim Ringelnatz

Frühlingszartes Wohlbehagen
Schwellt erfrorne Poesie.
Maiberauscht im Speisewagen
Ballt sich etwas wie Genie.

Weil Berlin voraus in Sicht ist,
Und die Sonne mich bestrahlt.
Und je länger ein Gedicht ist,
Desto besser wird's bezahlt.

Darum: Hundertzweiundneunzig
Tausend und fünfhundertzwei
Oder noch mehr Leute freun sich.
Denn der Winter ist vorbei.

Elf Millionen zweimal hundert
Tausend siebenhundertzehn
Menschen sind etwas verwundert,
Weil kein Maikäfer zu sehn.

Sechs Billionen zwölf Milliarden –
Schätzungsweise – fragen sich:
Wo steckt Maximilian Harden.
Nun, verflucht, was kümmert's mich.

Vier Trillionen neun Billionen
Zirka siebenhundertelf
Milliarden fünf Millionen
Achtzehntausend hundertzwölf – –

Und ich könnte das erweitern
Bis in die Unendlichkeit,
Doch ein Dichter tritt den heitern
Frühlingszarten Mai nicht breit.

Sondern trinkt, sich selbst beschränkend,
Maienbowle, Maienkraut,
Seines Redakteurs gedenkend,
Dem er voll und ganz vertraut.

Der Mai und die Kinder

JAMES KRÜSS

Auf einer Wiese, die zwischen Hügeln lag, aber nach allen vier Himmelsrichtungen Zugänge hatte, sind einmal die zwölf Monate zusammengekommen. Von Osten kamen der März, der April und der Mai, von Süden sind Juni, Juli und August gekommen, von Westen eilten September, Oktober und November herbei, und aus dem hohen Norden kamen der Dezember, der Januar und der Februar. Sie hatten sich alle feierlich angezogen. Aber am hübschesten war der Mai gekleidet. Er trug eine Weste aus Krokusblüten und eine knielange Blätterhose, er hatte auf dem Kopf einen Kranz aus Gänseblümchen und in der Hand einen blühenden Kirschbaumzweig. Die anderen elf Monate sagten, als sie ihn sahen: »Er ist reizend angezogen, aber sonst ist er ein richtiger Taugenichts!«

Der Mai, als er das hörte, rief eine Schar Kinder herbei, die auf der Wiese spielte, und fragte: »Welcher Monat gefällt euch am besten?« – Die Kinder antworteten, ohne lange zu überlegen: »Du, Herr Mai, bist uns am liebsten!«

»Merkwürdig, dass der Mai den Kindern am besten gefällt«, sagten die übrigen elf Monate. Besonders die drei ernsten Wintermonate Dezember, Januar und Februar wunderten sich. Sie fragten die Kinder: »Warum gefällt euch ausgerechnet der Mai?« – »Weil er nicht so nass, so garstig und so kalt ist wie ihr«, antwortet ein kleines Mädchen. – »Aber er ist ein alberner Fratz!«, sagten die drei Wintermonate. »Ihr könnt nichts von ihm lernen!«

»Doch«, erwiderte das Mädchen, »wir haben etwas von ihm gelernt, etwas sehr Schönes und Nützliches sogar!«

Da rissen die drei Wintermonate ihre eisblauen Augen auf und fragten: »Was kann man denn, bittschön, vom Mai lernen?«

»Das Singen!«, rief das kleine Mädchen.

»Merkwürdig, dass man vom Mai tatsächlich etwas lernen kann«, sagten die übrigen elf Monate. Aber die drei drallen Sommermonate Juni, Juli und August fügten spöttisch hinzu: »Mag sein, dass man vom Mai das Singen lernt. Aber man kann nicht ewig singen. Und zu anderen Dingen ist der Mai nichts nütze. Der Teich

114

nützt im Mai weder zum Schlittschuhlaufen noch zum Baden; die Erde ist zu kalt, um darauf zu liegen; und zum Schlittenfahren fehlt der Schnee. Die Obstbäume haben noch keine Früchte und die Felder noch kein Korn. Was also kann man im Mai tun? Nur singen, sonst nichts!« Da trat ein Junge vor und sagte: »Falsch! Man kann im Mai etwas sehr Schönes und Wichtiges tun, wozu es im Winter zu kalt und im Sommer zu heiß ist.«

»Und was wäre das?«, fragten die drei Sommermonate gespannt. – »Man kann im Freien tanzen!«, rief der Junge.

»Merkwürdig, dass man im Mai tatsächlich etwas Erfreuliches tun kann«, sagten die übrigen elf Monate. Aber die plusterbäckigen drei Herbstmonate September, Oktober und November spotteten und riefen: »Mag sein, dass man im Mai singen und tanzen kann; aber Geschenke hat der Mai keine zu vergeben. Er hat keine Früchte zu verschenken wie wir, kein Korn wie der Sommer und keine Weisheit wie der Winter. Er ist ein armer Hungerleider.«

»Irrtum«, sagten die Kinder, »der Mai hat wohl etwas zu verschenken. Man kann es nicht essen und nicht trinken, aber Augen und Nase sind glücklich darüber.«

115

»Und was wäre das?«, fragten die drei Herbstmonate gespannt.

»Düfte und Blüten!«, riefen die Kinder.

»Merkwürdig, dass der Mai tatsächlich etwas zu verschenken hat«, sagten die übrigen elf Monate.

»Aber es sind bescheidene Geschenke«, sagte spöttisch der Juli. »Er hat keine Rosen und Astern anzubieten, nur Obstbaumblüten und Gänseblümchen.«

»Stimmt, Herr Juli«, rief ein kleiner Junge. »Du hast kostbarere Blumen anzubieten als der Mai; aber du kommst, wenn der Gabentisch schon voll ist. Der Mai beschenkt uns, wenn wir arm sind!«

»Undankbares Volk«, fuhren März und April den Jungen an. »Bringen wir euch nicht die ersten Knospen, Kätzchen und Schneeglöckchen? Beschenken wir euch nicht viel früher als der Mai?«

»Natürlich«, sagte der Junge, »ihr, Herr März und Herr April, ihr bringt uns die ersten Farben im Jahr. Aber ihr bringt sie zögernd und zurückhaltend. Der Mai schenkt fröhlicher und überschüttet uns mit Gaben.«

»Nun, nun«, fuhr der September dazwischen. »Immerhin hat der Sommer stolzere Blumen zu bieten, und der Herbst bringt reichen Früchtesegen.«

Jetzt nahm der Mai selber das Wort und sagte: »Herbst

und Sommer verschwenden aus ihrem Reichtum. Ich aber bin arm und verschwende mich selber.«

»Merkwürdig«, sagten die übrigen elf Monate. »Jeder von uns tut sein Bestes für die Menschen; aber den meisten Dank heimst der Mai ein, obwohl er der Leichtsinnigste von uns allen ist!« – »Das kommt, weil er Gott am ähnlichsten ist«, sagte ein altkluger Junge. »Der Mai erschafft wie er aus dem kahlen Erdreich eine ganze bunte Welt.«

Der Mai lachte darüber, schlug dem Jungen mit dem Kirschblütenzweig auf den Kopf und sagte: »Nicht so vorwitzig, Kleiner! Jeder Monat gleicht Gott ein bisschen. Aber ganz gleicht ihm keiner. Daher hat er das größte Lob verdient!«

Diese Antwort versöhnte die übrigen elf Monate.

Ein Hase sitzt auf einer Wiese

CHRISTIAN MORGENSTERN

Ein Hase sitzt auf einer Wiese,
des Glaubens, niemand sähe diese.

Doch, im Besitze eines Zeißes,
betrachtet voll gehalt'nen Fleißes

vom vis-a-vis geleg'nen Berg
ein Mensch den kleinen Löffelzwerg.

Ihn aber blickt hinwiederum
ein Gott von fern an, mild und stumm.

Kritik des Herzens

WILHELM BUSCH

Es sitzt ein Vogel auf dem Leim,
Er flattert sehr und kann nicht heim.
Ein schwarzer Kater schleicht herzu,
Die Krallen scharf, die Augen gluh.
Am Baum hinauf und immer höher
Kommt er dem armen Vogel näher.
Der Vogel denkt: Weil das so ist
Und weil mich doch der Kater frisst,
So will ich keine Zeit verlieren,
Will noch ein wenig quinquilieren
Und lustig pfeifen wie zuvor.
Der Vogel, scheint mir, hat Humor.

Frohe Pfingsten

Pfingsten, das liebliche Fest, war gekommen;
es grünten und blühten Feld und Wald;
auf Hügeln und Höhn, in Büschen und Hecken
übten ein fröhliches Lied die neu ermunterten Vögel.

JOHANN WOLFGANG VON GOETHE

Der Regenschirm

EUGEN ROTH

Zu Pfingsten war damals ein blankes, brausendes Vorsommerwetter, und kein Mensch hätte einen Regenschirm gebraucht. Die Witwe Afra Kögel aber war altmodisch genug, zu glauben, eine rechte Reise sei ohne ein solches Rüstzeug nicht zu bewerkstelligen. Und so gab sie ihrem Sohn Jakob, der über die Feiertage nach Grafing fuhr zur Tante Berta, einer Vatersschwester, den neuen, guten Schirm mit, unter immerwährenden bösen Ermahnungen, ihn nirgends stehenzulassen, ja, unter der heftigen Drohung, sie werde ihn erschlagen, wenn er das kostbare Stück nicht unversehrt wieder mitbrächte.

Der Bub machte mancherlei Ausflüchte. Er wollte den unerwünschten Reisebegleiter lieber gar nicht mitnehmen, aber er musste wohl oder übel, die Mutter drückte ihm den Schirm in die freie linke Hand; in der rechten trug er den Koffer, ein verwetztes, billiges Ding, viel zu groß für die Siebensachen, die er barg.

121

Aber es hofften beide, Mutter und Sohn, die Tante würde es auch bemerken, wieviel da noch Platz drin wäre für ein paar Pfund Schmalz und Mehl oder was sie sonst den ärmeren Verwandten schenken wollte, über die Guttat hinaus, dass sie den Jakob aufnahm für die paar Feiertage.

Noch im letzten Augenblick versuchte der Bub sich des lästigen Schirms zu entledigen. Er stellte ihn einfach in die dunkle Ecke des Hausgangs, rumpelte die Stiege hinunter und schlich, an der Mauer entlang, davon.

Aber da hörte er auch schon die gellende Stimme der Mutter, die ein Fenster aufgerissen hatte und ihm nachschrie, das könnte ja gut werden, wenn der Lauskerl den Schirm daheim schon stehenlasse. Und unter den Blicken und Zurufen der rasch aufmerksam gewordenen Nachbarschaft musste er bis unters niedere Fenster des Oberstocks treten, und die Mutter schutzte ihm den Schirm zu, laut keifend die Drohung wiederholend, dass sie ihn umbringen würde, wenn er ihr ohne den Schirm wieder unter die Augen träte.

Der Bub lief davon – eilig, schamvoll geduckt; er schlenkerte den Koffer, er hielt in der verkrampften Hand den Regenschirm, diesen lächerlichen und gefährlichen Schatz, den er zu hüten hatte, diesen tücki-

schen Teufel, nur gemacht, ihm seine Ferien zu verderben, immer bereit, sich zu verstecken, dem
Gedächtnis zu entschlüpfen, wie er's jetzt im Geist
schon vor sich sah, der Jakob, der arme Kerl, der den
Schirm schüttelte vor Wut und doch Angst vor ihm
hatte und vor dem Unheil, das in ihm steckte.

Denn erbarmungslos würde die Mutter ihn schlagen;
ein böses Weib war sie, und das sagten jetzt auch die
Nachbarinnen, die beim Krämer standen und die
Geschichte aufwärmten von Afras seligem Mann, der
ein guter Mensch gewesen sei, nur dass er zuletzt
getrunken hätte, aus lauter Gram über die Frau. Und
ob das wirklich bloß ein Unglück gewesen ist, damals
vor zehn Jahren, wie er im Auer Mühlbach ertrunken
ist, das ist noch lange nicht ausgemacht. Die Afra aber
ist seinerzeit wenig getroffen gewesen: »Muss das grad
heut sein, wo er das gute Gewand angehabt hat und
die goldene Uhr einstecken.«

Und die Frauen wandten nun ihr ganzes Mitleid dem
Jakob zu, der mehr Schläge als Essen kriege, ein bra-
ver Bub, nur ganz verkümmert vor lauter Muffigkeit
und Ungutsein der Mutter.

Inzwischen war der Jakob auf dem Bahnhof angekommen, atemlos und gar nicht mehr zu früh; denn die

große Uhr über dem Eingang tat gerade einen bösen Ruck, sie hatte eine von den zehn Minuten gefressen, die noch bis zum Abgang des Zuges waren; und viele Leute standen in Reihen vor den Schaltern, alle schon aufgeregt und auch unbeholfen mit ihren Rucksäcken und Koffern, ängstlich, dass ihnen nichts abhanden komme und dass kein Zwischenfall die eben anzutretende Reise störe.

Der Bub stellte sich hin, ward in den Engpass geschoben, wusste nicht, wie er Schirm und Koffer tragen sollte und das Geld dazu, das er aus der Hosentasche geholt hatte und in der schwitzenden Faust presste. Er stand jetzt am Schalter, schrie erregt und überlaut durchs Fenster hinauf, was er sich selber so oft vorgesagt hatte: »Sonntagskarte vierter Klass' nach Grafing!« – »Ort oder Bahnhof?«, fragte der Beamte zurück. Der Bub wusste es nicht, noch einmal sagte er, ängstlich diesmal und flehend, das Eingelernte. »Sonntagskarte vierter Klass' nach Grafing!« Ein Herr hinter ihm, mit einem brandroten Schnauzbart, in einer Jägerjoppe, mischte sich hinein: der Bahnhof sei weit weg vom Markt, ob er, der Bub, in den Ort wolle. Ja, er besuche die Tante Berta in Grafing, stotterte der Jakob. »Also Grafing-Markt«, entschied der Herr, und der Kleine legte das Geld klimpernd auf die Steinplatte, bis zu der gerade sein Kopf reichte. Der Beamte, brauenrunzelnd hinter der Brille, erklärte mit unwirschem Bedauern, das Geld lange nicht. Jakob stand hilflos da und rührte sich nicht. Er begriff dunkel, dass das mit anderen Worten heiße, dass er nicht fahren könne, dass er wieder heim müsse. Die Mutter habe ihm nicht mehr mitgegeben, klagte er weinerlich; und als der Beamte, unter der wachsenden Ungeduld der Nachdrängenden, mit herausgeducktem Kopf, mit einer Stimme zwischen Mitleid und Ärger wiederholte, es seien um fünfzig Pfennige zu wenig, sagte Jakob abermals, diesmal schon unter springenden Tränen, mehr habe ihm die Mutter nicht mitgegeben – als wolle er damit die ganze Verantwortung für diese peinliche Lage den Erwachsenen zuschieben.

Scheltende Stimmen wurden laut; in der Tat galt aller Zorn der Mutter, aber wirksam wurde er nur gegen den Knaben, weil andere Leute auch verreisen möchten und der Schalter dazu bestimmt sei, Gäste mit abgezähltem Fahrgeld abzufertigen. Da aber machte der Herr mit dem brandroten Schnauzbart dem Streit ein Ende, indem er aus der Tasche seiner schilfgrünen

Jägerjoppe ein blankes Fünfzigpfennigstück fingerte und es zu den übrigen Münzen warf, lachend, wegen der paar Kreuzer werde doch niemand dem Buben seine Pfingstfreude verderben wollen. Jakob schaute den Herrn an, mit einem innigen und doch verwirrten Blick, zugleich griff er nach der hingeschobenen Fahrkarte, nahm seinen Koffer auf und stolperte weg. Holla, rief der Herr ihm nach, deshalb brauche er seinen Schirm nicht stehenlassen, der Herr Professor, Schirmvergesser, so viel Zeit wäre schon noch; und er hängte dem Buben, dem das Blut ins Gesicht schoss vor Scham und Aufregung, unter gemütlichen Späßen das schwarze Ungetüm über den Arm.

Jakob aber presste den Schirm an die Brust, stammelte ein paar Dankschön! und Vergelts Gott!, zwängte sich durch die Sperre, fragte jedermann, wo der Zug nach Grafing abgehe. Und als er, durch einen Tunnel geschickt, wieder auftauchend, die lange Wagenreihe vor sich sah, schon dicht mit Reisenden gefüllt, da wollte er es noch oft und oft bestätigt wissen, dass er hier recht sei, ehe er einstieg und sich schnaufend und schwitzend auf ein bescheidenes Plätzchen setzte. Jetzt erst wagte er, zu sich selber zu kommen und mit scheuen Blicken aus dem Fenster zu spähen.

Schau, da kam auch der brave Herr, der jetzt ein Gewehr umgehängt hatte, einen Rucksack trug und einen munteren, hellbraunen Dackel an der Leine führte. Der Herr ging geradewegs auf den Wagen zu, es war ja auch keine Zeit mehr zu verlieren, denn der Mann mit der roten Mütze hob eine kleine, schwarze Pfeife an den Mund und tat ein paar gellende Pfiffe. Mit einem heftigen Rumpler fuhr der Zug an und »Hoppla!« rief der Herr, der gerade im Gang stand und durch den Ruck aus dem Gleichgewicht kam, so dass er sich mit hartem Griff an der Schulter des Knaben festhalten musste. Und zu seinem Hunde gewandt, meinte er fröhlich, beinahe hätten sie – und er bezog den Waldl mit ein – ums Haar hätten sie das Büberl zerdrückt, aber es sei noch einmal gut hinausgegangen.

Der Knabe aber stand auf, um dem Herrn Platz zu machen; es gab sich jedoch, indem die andern Fahrgäste zusammenrückten, dass die Bank für beide noch langte und den Hund obendrein, der, halb auf dem Schoß seines Herrn, mit feiner Schnauze schier an des Jakobs Gesicht streifte und auch wirklich immer wieder versuchte, ihm die Wange zu lecken. Über den

Ermahnungen des Besitzers, derlei Unfug zu lassen, der freundlichen Versicherung, dass der Waldl nicht beiße, begann ein Gespräch des ganzen Abteils. Der Kleine, zutraulich werdend, streichelte den Hund, ohne freilich seinen Schirm auszulassen, den er mächtig vor sich aufgepflanzt hatte. Diesem Schirm wandte sich bald der gutmütige Spott der Fahrtgenossen zu; wo das Mordstrumm Parapluie mit dem Knirps hinwolle, ob er damit Heuschrecken fangen möchte, und da müsste er, lachte der Herr, ja aufpassen, denn sonst ginge es ihm wie seiner seligen Großmutter. Und er gab die Geschichte zum besten, wie die alte Frau vertrauensselig die großen grünen Heupferde, die er, als Kind damals, von den Wiesen gegriffen hatte, bösblickende, zangenmäulige, strampelnde Gesellen, in ihrem neuen, grauseidenen Sonnenschirm beherbergt habe. Als sie aber des Abends, heimgekehrt, den Schirm aufspannten, um die Burschen in einen gläsernen Gewahrsam zu überführen, da hätten nur faustgroße Löcher im Tuch gezeigt, welchen Weg in die Freiheit die Bestien genommen hatten.

Gottlob, es war nicht dieser, war nicht Jakobs Schirm, und der Bub lachte über die Geschichte. Aber die Gedankenverbindung von Schirm und Zerstörung genügte doch, um ihn gleich darauf wieder trüben, besorgten Blicks vor sich hinstarren zu machen.

Wie er heiße, wo er wohne, ob er noch in die Schule gehe und was er werden wolle, ermunterten nun mit ihren Fragen die Nachbarn das scheue Kind, und es gab zuerst einsilbige Antwort. Aber dass er ein Uhrmacher werden möchte, im Herbst, wenn er aus der Schule wäre, das sagte er mit solcher Bestimmtheit und Freude, dass der Herr ihm wohlwollend auf die Schulter klopfte. Und es erwies sich, dass er selber einer war und nicht abgeneigt schien, den Jakob in die Lehre zu nehmen. Und als er gar seinen Namen auf einen Zettel schrieb und damit zeigte, dass es ihm ernst war, da leuchteten die Augen des Buben, und die holde, tiefverschüttete Lebensgewalt der Jugend sprang quellend schön in sein blasses Gesicht.

Indes hatte der Zug soeben den Bahnhof Grafing erreicht; es gab ein rasches und fröhliches Abschiednehmen, der Hund bellte, alle halfen dem Kind beim Aussteigen und wiesen ihm das Bummelbähnchen, das schon schnaufend bereitstand. Den Schirm aber hielt Jakob fester denn je in der Faust.

Er habe auch so einen Buben gehabt, sagte der umgängliche Herr im Weiterfahren, und grad in dem

Alter ungefähr, mit vierzehn, sei er ihm weggestorben, vor zwei Jahren – und er schaute wehmütig in die wälderflammende Landschaft hinaus. Und so gehe es auf der Welt, die einen müssten ihre Kinder hergeben und die andern wüssten nicht, was sie dran hätten. Denn, dass der Bub da ein liebes Bürschel wär, nur ganz verschreckt und wie eingefroren vor lauter Angst und Geducktsein, das sähe einer auf den ersten Blick. Aber er wollte ihn schon wieder auftauen, meinte der Herr und hatte jetzt nur Sorge, der Kleine könnte den Zettel verlieren und so den künftigen Meister nicht wiederfinden. Damit stand er auf, rückte den Hut und verließ den Wagen, zwei Haltestellen hinter Grafing. Und die Reisenden sahen ihn noch mit dem Hunde dem Walde zustreben.

Jakob war samt Koffer und Regenschirm wohlbehalten bei der Tante Berta angekommen. Die Vatersschwester, auch eine Witfrau in kargen Umständen, war gut zu dem Buben und freute sich, wie er aufblühte in den zwei Tagen, munter und gesprächig, wie sie ihn gar nicht kannte, immer wieder von dem Herrn erzählend, der das Fünfzigpfennigstück großherzig für ihn hingelegt und der versprochen hatte, ihn die Uhrmacherkunst zu lehren. Und nur mit Mühe konnte sie

ihn davon abhalten, dass er nicht am heiligen Pfingst-
sonntag die alte Küchenuhr zerlegte, mit dem groß-
spurigen Versprechen, sie wieder in Gang zu setzen.
Kinder haben eben, so dachte sie, Lachen und Weinen
in einem Sack, und sie sah es als gutes Zeichen, dass
die Kümmernis seines schlimm bedräuten Lebens
doch nicht tiefer eindrang in das jugendkräftige Herz
und noch leicht abzuwischen schien, mit ein paar so
frischen Tagen wie diesen. Und nur, dass der Jakob so
weich war im Gemüt, das machte ihr Sorge. Denn wie
sollte er so seine Mutter bestehen, die Afra, die zäh
war und zornig und die schon den Mann zermürbt
hatte, Jakobs Vater, dass er lieber als Trinker verdarb
und ins Wasser ging.

Es war dann ein bittrer Abschied, wie der Bub gehen
musste, am Montagabend; und die Witwe, die selber
nichts Überflüssiges hatte, gab dem Jakob mit, was nur
in den Koffer hineinging. Und bloß der Gedanke tat ihr
weh, dass auch die andere, die böse Schwägerin, sich
gütlich tun würde an den Leckerbissen, die sie sich
abgespart. Und einen mächtigen Strauß Pfingstrosen
aus dem Gärtlein band sie auch noch zusammen, ehe
sie den Buben zur Bahn schickte.

Am Abend dieses zweiten Pfingsttages brandeten überall die glühenden Wellen der rückströmenden Ausflügler an die Bahnhöfe und überfluteten die Züge. Doppelt und dreifach wurden die gefahren. In Trauben hingen die Menschen sich an die Trittbretter; wie von schwärmenden Bienen war das Gewühl und der summende Lärm der Fröhlichen und der Müden. Wanderer und Radfahrer, Wassersportler und Schiläufer. Jäger und Fischer waren darunter, alte Männer am Stock und selige Liebespaare und junge Väter, ihr Söhnchen im Nacken reitend, Mütter, die welken Kinder wie Sträuße an die Brust gedrückt. Ja, und die Blumen selber: die prangende Pfingstherrlichkeit flog wie eine bunte Schleppe mit stadteinwärts in den schwarzen Zügen, in Kränzen von Feldblüten, in Büschen von Waldgrün, im Bruch der geplünderten Gärten.

Auch in Grafing waren die Bahnsteige voller Menschen, die in die große Stadt zurückwollten und nun ungeduldig, sturmbereit auf das Heranrauschen der Züge und das Aufleuchten der goldenen Lichter warteten. Denn es war schon später Abend; im Westen verglühte noch der erkaltende Tag, über den Scheitel des Himmels aber zog ins lichtere Blau hinein schon die Finsternis, und die Sterne brannten auf.

Jakob stand hart an den Gleisen, als der Zug einfuhr. Er war aufgeregt und unschlüssig, wo er einsteigen sollte. Da hörte er sich angerufen und sah, aufblickend, den gemütlichen Herrn dicht über sich; er hatte sich aus dem Fenster gebeugt, in die milde Luft hinaus, auf den wilden Kampf der Andrängenden zu spähen, mit jenem Behagen, das einer empfinden mag, der sich selber geborgen weiß. Für einen Knirpsen wie Jakob sei schon noch ein Plätzchen frei, lachte er, der Bub sollte nur versuchen, sich hereinzudrücken.

Da stand nun der Kleine, indes der Zug anfuhr; und er war glücklich. Denn das war eine über alle Maßen beseligende Wendung gewesen, ein holdes Eingreifen des guten Geschicks, das ihn da aus seiner ängstlichen Verlassenheit zum drittenmal seinem neuen Freunde zugeführt hatte.

Und der Hund war auch da. Er schlief auf einem zusammengerollten Mantel, aber jetzt hob er den Kopf; und kein Zweifel, er erkannte den Jakob wieder. Und ein Fräulein, ein sehr nettes und freundliches Fräulein, das einen ungeheuren Margeritenstrauß in den Armen hielt, rückte ein bisschen zur Seite. Jakobs Koffer aber schwang ein vierschrötiger Mann leicht und hoch auf das Gepäckbrett, über einen Berg von Rucksäcken und Blumen hinweg.

133

Da durfte er nun sitzen, wieder nah bei dem Hunde, dem Herrn gegenüber, der sich den Bart strich und liebevoll zu ihm herübersah. Wie gut doch alle diese fremden Menschen zu ihm waren, dachte er, und eine Süßigkeit brach in ihm auf, als sei nun das Leben freundlicheren Mächten untertan. Und er hoffte, der Herr würde abermals davon beginnen, wie er ihn zum Lehrling nehmen wollte; ihn verlangte nach einer neuen Bestätigung. Der Herr aber lachte, ein bisschen listig lachte er, schmunzelnd und recht behaglich und deutete auf den Strauß üppiger Bauernrosen in Jakobs Arm: Da sei ja, sagte er, ein Pfingstwunder geschehen, da habe sich ja, sagte er, der schwarze Regenschirm in rote Rosen verwandelt!

Regenschirm, Regenschirm. Der Bub saß da, starr und bleich. Ein schreckliches, aber dem Verstand wie dem Herzen gleich unfassbares Wort war in ihn gefallen. Es lag in seiner Brust wie eine Sprengkapsel, es musste ihn zerreißen, wenn er aufbarst in Begriffe und Gefühle: Regenschirm! »Um Gotteswillen«, sagte der erschrockene Herr und holte mit beiden Händen den völlig entgeisterten, stumm und tränenlos blickenden Buben auf seine Knie herüber. Ob er denn den Schirm stehengelassen hätte und wo, ob bei den Verwandten oder im Zug vom Markt zum Bahnhof oder ob auf dem Bahnhof selber. Und da fing das Kind zu zittern an, aber weinen konnte es nicht. »Ich weiß nimmer!« Es war viel zu hoffnungslos, um nachzudenken. Regenschirm, dachte es und sonst nichts. Nur hinter dieser schwarzen Wand brannte es von höllischen Feuern.

Noch einmal versuchte es, eindringlicher und fast streng, der Uhrmacher. Aber tonlos, aus einer tiefen Verzweiflung heraus, sagte der Bub wiederum: »Ich weiß nimmer!«

Der ungeschlachte Mann vom andern Ende der Bank, derselbe, der so hilfreich den Koffer besorgt hatte, horchte mit halbem Ohr herüber; ob der Bub seinen Schirm stehenlassen habe, das gebe ein Ohrwaschel-rennen daheim und das wären fröhliche Pfingsten. Er stieß ein polterndes Gelächter durch seine Zahnlücken. Nun aber verwies ihn das Fräulein, das in ihren Blumen fast eingeschlafen war, den Buben so zu schrecken. Und was dem Herrn nicht gelungen war, das vermochte jetzt die Stimme, ja einzig die Stimme der Frau: der Kleine brach in ein schluchzendes Weinen aus, langsam schmolz die grausame Spitze seines Schmerzes. Der brave Herr, in dessen Joppe er hineinweinte, zog ein mächtiges, rotgewürfeltes Schnupf-

tuch aus der Tasche und wischte die Tränen fort. Er solle aufpassen, lachte er – und er war ja selber froh, dass der Bub nicht mehr so glasig starrte –, ja aufpassen sollte er, dass es keine Überschwemmung gebe, da im Wagen herin und dass es den Waldl nicht forttreibe in dem Tränenstrom. Und der Bub, der einen scheuen Blick hinüberwarf auf den Hund, der gerade aus dem Schlafe sich rührte, tat einen tiefen Schlucker und Seufzer. Und dann lächelte er, lachte und weinte in einem und strich leise über das Fell des Tieres. Der Herr aber nahm die Gelegenheit wahr, den Buben wieder auf seinen Platz zu setzen. Ermutigt durch die lösende Wirkung, die seine Späßchen getan, fuhr er fort und er meinte es jetzt nicht schlechter als vorher und scherzte, drei Tage lang beim strahlendsten Sommerwetter, habe der Bub den Schirm mit sich herumgeschleppt und nun, bei einem solchen Platzregen von Tränen, habe er ihn nicht dabei.

Und als der Bub jetzt stiller wurde, nicht mehr weinte, da ahnte der Gute nicht, dass er in der kleinen Seele mit der bloßen Erwähnung des Schirms wieder den vollen Sturm heraufbeschworen hatte; nur dass, was zuerst eine nackte, grifflose Wand des Entsetzens von Hirn und Herz abgeschlossen, nun in hundert einzelnen Bildern und Gestalten hemmungslos durch ihn hinbrauste. Jetzt dachte er, wo er den Schirm stehengelassen haben könnte, aber seine Erinnerung verwirrte sich. Er sah sich da und dort, durch diese drei Tage zurückgehetzt, mit Schirm, ohne Schirm, mit Schirm, ja, er sah den Schirm allein, in ein lebendiges Wesen verwandelt, als einen höhnischen Kobold umherhüpfen.

Er baute sich kleine Hoffnungen auf und zerbrach sie wieder: wie die Tante den Schirm entdecken würde, daheim friedlich an die Küchentür gehängt, wie der Schaffner in der Kleinbahn, der liebe, kleine Schaffner mit dem Zwicker an der Schnur schmunzelnd den Schirm finden würde im verlassenen Wagen: »Schau, das ist ja der Regenschirm des Putzelmännchens, gleich werd' ich ihn der Tante bringen ...« Und jetzt wusste er auch: damals, als der Schaffner ihn Putzelmännchen nannte, hatte er den Schirm noch gehabt. Aber er hatte ihn nicht mehr. Und seine Mutter würde nicht Putzelmännchen zu ihm sagen, nein, sie würde ihn anschauen mit argen Augen und würde fragen. »Wo ist der Schirm?« Und jetzt schon, und immer wieder, hatte Jakob diese schreckliche Frage zu bestehen; aber er konnte sie nicht bestehen, es gab kein Entrinnen.

Es war jetzt ganz still im Zug; die Menschen schliefen, rauchten, dösten vor sich hin. Von beiden Seiten flogen die Lichterketten der Straßen und Gleise der großen Stadt zu.

Es war heiß im Wagen; der Zug ratterte und rauschte hohl. Der vierschrötige Mann schnarchte mit offenem, schwarzzahnigem Mund, das Fräulein war ganz in ihren Margeritenstrauß gesunken, und auch der Herr war eingenickt; der Gemsbart auf seinem Hut schlug im Takt der stoßenden Räder.

Jakob saß wie in einer Verzauberung. Der Regenschirm, der Regenschirm, klang und schaukelte es, aber immer ferner, immer brausender. Dichter und dichter, wie steigende und fallende Dämpfe, wogte die Angst herauf, senkte sich die Qual hernieder. Lange, scharfe Messer blitzten durch, schnitten und stachen: der Schirm war nicht da. Dann schmerzten sie nicht mehr. Jakob war eingeschlafen.

»Wir sind da!«, sagte eine gute, holde Stimme neben ihm. Er war nicht mehr auf dieser Welt. »Wir sind da!«, hallte es in seinen Traum hinein; es war unendlich süß, sich hinzugeben.

Da ruckte er auf. Der Zug dröhnte. Die Menschen waren erwacht. Sie holten ihr Gepäck und machten sich fertig. Sie sahen alle so fremd aus; keiner sprach zu dem andern, gleich würde der Zug einfahren. Der Herr hatte sich ermuntert. Er hatte das Fenster geöffnet und sich in die Nacht hinausgelehnt, in den immer dichter werdenden Glanz huschender Lichter. Das Fräulein war schon ein Stück gegen den Ausgang vorgetreten und der vierschrötige Mann holte gerade Jakobs Koffer herunter. Den Kopf werde ihm niemand abreißen wegen dem Schirm, sagte er geringschätzig; und wer denn gar so zu fürchten sei daheim, der Vater oder die Mutter?

»Die Mutter!«, presste Jakob hervor. Mit schrecklicher Wucht war in diesem, einen Augenblick das ganze Verhängnis wieder auf ihn niedergestürzt, alle die kleinen Schächte des Lebens und der Hoffnung hatte es ihm eingedrückt. Jetzt, vielleicht am Bahnhof schon, unentrinnbar, ohne Gnade, musste er Antwort geben auf die grausame Frage: »Wo ist der Schirm?!«

Die Gesichte in ihm überstürzten sich. Konnte nicht die Mutter tot sein, tot, für immer verstummt, der böse fragende Mund? Nein! Konnte er nicht krank sein,

spürte er nicht das Fieber in sich, Hitze und Frost in jagenden Stößen, wankten ihm nicht die Knie? Nein. Konnte nichts geschehen, lieber Gott, was denn, irgend etwas, die Sterne vom Himmel, nein, er wusste nichts. Nichts. Unentrinnbar. Alles brauste.

Der Herr lehnte breit im Fenster. Der Hund fing zu bellen an. Das Fräulein hing, halb stehend, erschöpft über ihrem Strauße. Eine Stimme sagte tröstend. »Gleich kommen wir jetzt ins Heiabettchen!« Ein Kind weinte.

Jakob hörte und sah alles unter brausenden Wellen der Qual. Konnte sich ein so kleiner Mensch nicht so gering machen vor Angst, dass er verging? Nein. Er war da und der Schirm war nicht da. Nichts mehr konnte dazwischentreten. Nichts. Die Stadt war erreicht. –

Der Stoß war von schmetternder Wucht. Das Licht platzte in Flammen und Finsternis. Stille lag einen schrecklichen Augenblick lang schwer über dem ganzen Zug. Dann hörten die Menschen, langsam fast, ein grässlich heranschwellendes Geräusch. Das Mahlen und Schmatzen ungeheurer Kiefer. Holz brach und barst, Fenster klirrten, Eisen knirschte und sprang. Nun hatte der malmende Biss auch Jakob erreicht und

die, die mit ihm fuhren. Und jetzt tönte spitz und martervoll ein einziger Schrei des Schreckens und des Schmerzes die Wagen entlang, ein hohles, heulendes Wimmern. Und dann erst löste sich das begriffene Unglück in den schauerlichen Wirrwarr seiner Einzelheiten.

Jakob erwachte halb, vom Fackellicht und nahe rufenden Stimmen. Er spürte einen fernen Schmerz, er hörte ein schluchzendes Wimmern von weit her. Schmerz und Klage, unscharf verschwimmend, näherten sich einander, schärfer, deutlicher, und jetzt schmolzen sie in ihn ein; er selbst war es, der in Schmerzen lag und stöhnte. Dann wieder sprang alles weg, huschend wie Schatten.

Er sah, wie fremde Männer das Fräulein fortführten; es hielt den weißen Margeritenstrauß fest in den Händen und weinte bitterlich. Und große, rote Tropfen fielen auf die Blumen. Der Herr aber schaute immer noch zum Fenster hinaus, obwohl er, Jakob, hier lag und obwohl die fremden Männer das Fräulein fortführten. Das Fenster freilich schien so seltsam schmal; und alles war so schief und wirr, wie in der Hexenschaukel damals auf dem Oktoberfest. Und es wurde ihm auch schon wieder so schlecht. Er hörte noch eine Stimme: »Was ist denn mit dem Buben da?«

Er wurde wohl fortgetragen. Wohin? Er wandte den Kopf und jetzt schaute ihn der Herr an, aus dem Fenster gebeugt, und er lachte. Und die Hand hatte er ausgestreckt. Ja, er würde schon kommen und ein Uhrmacher werden. Aber wo war der kleine Hund geblieben?

Die Witwe Afra Kögel hatte bis um elf Uhr auf die Heimkehr ihres Sohnes gewartet. Sie saß bekümmert in der kahlen Küche im grellen, ungeschirmten Licht und flickte an einem Hemd. Sie hatte keine Zeit gehabt, Pfingsten zu feiern.

Einer armen Witwe, die tagaus, tagein am Waschtrog steht, kommen ein paar Feiertage gerade recht, um daheim Ordnung zu schaffen. Nichts wie Sorgen hat man, so allein in der schlechten Welt, und da sollte man nicht selber hart werden, wenn es einem so hart gemacht wird. Und wo kommt die Wirtschaft hin, wenn man nicht pfenniggenau ist und alles zusammenhält? Und gar mit einem heranwachsenden Buben wie dem Jakob. Der ist dem Vater nachgeraten. Viel zu weich und schusselig, und der wird dann auch einmal ein Säufer wie der Vater. Aber die Leute mögen ja

natürlich solche lieber, die sich so gehen lassen; und ihr hängt man's an, sie hätte den Mann ins Wasser getrieben. Dem Buben freilich wird sie's schon zeigen, dem Duckmäuser; und wo bleibt er nur? Meinetwegen, wenn ihn die Schwägerin noch einen Tag füttert, ihr soll's recht sein. Wenn er bloß den guten Anzug nicht zerrissen hat und den neuen Schirm wieder richtig mit heimbringt.

Und mit Seufzen löschte sie das Licht und legte sich ins Bett; aber sie hatte schlimme Ahnungen und die Sorge um den Schirm ließ sie lange nicht schlafen. Vielleicht wäre es besser gewesen, ihm den Schirm nicht mitzugeben. Ja, aber wenn er dann in ein Gewitter gekommen wäre und es hätte den guten Anzug so angeregnet, dass er ganz zusammengeschnurrt wäre vor lauter Nässe?

In dieser Nacht also träumten drei Menschen, eben die drei, die es anging, von dem Regenschirm. Die Tante Berta träumte von dem Schirm, den sie eine Viertelstunde nach Jakobs Abschied, mit stockendem Herzen an der Küchentür hängen sah und den sie laut jammernd und so schnell ihre alten Füße sie zu tragen vermochten, an die Bahn getragen hatte, ohne ihn doch dem Buben noch geben zu können; denn der Zug stampfte schon den Berg hinauf.

Die Mutter träumte von dem Schirm und sie sah die drei blanken Markstücke, die sie hingelegt hatte, um ihn zu erwerben. Sie sah aber auch, wie der Bub mit dem Schirm in Mauslöchern herumstochert und mit der Krücke nach Zweigen angelt, und sie sah, wie er den Schirm stehenlässt, der vergessliche, windige Lausbub, mitten im Wald, wo er nie mehr gefunden wird.

Und der Bub träumte von dem Schirm; er sah sich heimkommen und vor die Mutter treten, zitternd, vor die Frage, die schreckliche, unabwendbare, ausweglose Frage, und er fühlte den unbarmherzigen Blick und die harte, zum Schlag bereite Hand. Aber da, in der tiefsten Erniedrigung des Bettelns und Lügens, in der lähmendsten Angst weiß er plötzlich, jubelnd, voll himmlischer Beredsamkeit den Ausweg der Gnade: »Mutter!«, ruft er, und ist des leuchtenden Blicks schon gewiss und die Hand, die dem Schlage wehrt, ist nicht seine, ist eines Engels Hand: »Mutter, die Züge sind zusammengestoßen und ich bin da!« Aber ungerührt und finster sagt die Mutter: »Wo ist der Schirm? Geh und bring mir den Schirm!« Und er geht zurück in die Hölle der Vernichtung, ganz geisterhaft

geht er und geht; aber da lacht plötzlich der gute Herr, ob er denn nicht wisse, dass er den Schirm gar nicht mitgebracht habe, sondern lauter rote Pfingstrosen.

Am Dienstag in aller Frühe brachte ein Mann einen kleinen Koffer vor die Tür der Witwe Afra Kögel und fragte sachlich ernst und doch bebend vor verhaltner Erregung, ob sie dieses Gepäckstück als ihr Eigentum anerkenne. Der Koffer hatte zwar ein paar Schrammen und einen großen, sonderbar dunklen Flecken, aber es war derselbe, den ihr Sohn Jakob mit auf die Reise genommen hatte. Dann müsse er ihr mitteilen, sagte der Mann, dass heute nacht ein schweres Zugunglück vor dem Bahnhof gewesen sei und dass der Besitzer des Koffers, also ihr Sohn, verletzt im Krankenhaus liege, im Zimmer sechzehn im zweiten Stock.
Die Frau schaute wortlos den Mann an, der ihr die traurige Botschaft gebracht hatte. Der stand noch ein Weilchen unschlüssig und hilflos; er fand die rechte Art nicht, sie zu trösten und so wandte er sich lieber zum Gehen. Die Witwe aber, aus der Betäubung erwacht, rief ihm nach. Ob er dort, fragte sie bekümmert, wo er den Koffer gefunden, nicht auch einen Schirm gesehen hätte, einen guten, fast neuen schwar-

145

zen Regenschirm. Und sie machte sich daran, das kostbare Stück eingehend zu beschreiben. Der Mann aber, der auf einmal sehr verfallen und übermüdet aussah, machte, sich wieder der Frau zuwendend, eine abgründige Bewegung mit der Hand, und, so könne nur fragen, sagte er, wer den Zusammenstoß nicht gesehen; und bis fünf Uhr früh hätte er in den Trümmern gearbeitet und mehr als einen Toten herausgetragen und auf den Kies des Bahndamms gelegt. Was aber an Gepäckstücken noch gefunden worden sei, erklärte er, wieder dienstlich in Ton und Haltung, das sei alles in das Leichenhaus auf den Friedhof geschafft worden und vielleicht sei auch der Schirm darunter. Im übrigen würde, und das sagte er jetzt mit kalter Schärfe, als spüre er plötzlich und nachträglich den ganzen Frevel ihrer Frage, würde ein solcher Verlust, wenn sie ihn anmelde, von der Bahnverwaltung gewiss ersetzt werden. Die müsse jetzt für ganz andere Schäden aufkommen, gar nicht zu reden von dem, was mit allem Gelde der Welt nicht mehr gutzumachen sei.

Und in zorniger Erbitterung stieg er die Treppe hinunter.

Die Witwe Afra Kögel rüstete sich, ihren Sohn zu besuchen.

Im Krankenhaus war es nicht still wie sonst; viele Menschen warteten fragend und weinend in den Gängen und vor den Türen, stärker war der Geruch der scharfen Säfte, und niemand nahm sich Zeit, das blutige Handwerk zu verbergen, das hier getrieben wurde. Eine Schwester wehrte der Frau den Eintritt in das Zimmer. Es seien gerade die Ärzte da, sagte sie müde, aber bestimmt, in zwei Stunden frühestens möge die Mutter wiederkommen. Und da sie fühlte, dass die Bejammernswerte noch etwas auf dem Herzen habe, suchte sie nach einem Wort des Trostes: die Frau möge zu Gott beten, der alles noch gnädig wenden könne, und des Sohnes Zustand sei ernst, aber nicht ohne Hoffnung. Ob der Bub, fragte die Witwe leise und demütig, wie sie ihn gebracht hätten, nicht einen Regenschirm – »Nein, nichts, gar nichts«, schnitt die Schwester mitleidig ab und drängte die Mutter fort. Wie kann doch, dachte sie, der jähe Schmerz ein armes Gehirn so völlig verwirren, dass die Mutter nach einem lächerlichen Ding sich erkundigt, indes ihr Sohn im Sterben liegt.

Die Witwe stand auf der Straße und hatte zwei Stunden Zeit. Ob sie wollte oder nicht, es trieb sie zum Friedhof; dort, hatte der Mann gesagt, sei alles Gepäck

147

aufbewahrt, und er hatte selbst zugegeben, es sei nicht ausgeschlossen, dass sich der Schirm darunter befinde. Sie kam ungehindert bis an das Totenhaus und gewahrte mit scheuem Blick die schrecklichen Zurüstungen zur Aufbahrung der Leichen, die in rasch bereitgestellten Särgen, in Laken gehüllt, in eine ungewisse Dämmerung von Lorbeer und Blumen weggeschafft wurden. Aber näher sah ihr suchendes Auge einen verstreuten Bestand von besudelten und zerstörten Rucksäcken, Köfferchen und Kleidungsstücken, mit deren flüchtiger Ordnung sich soeben einige Leute beschäftigten. Ein älterer Mann mit einer grünen Dienstmütze band gerade Stöcke zu einem Bündel zusammen. Es war auch ein Schirm dabei, aber ein heller, grauer Sonnenschirm und nicht der ihre. Ein Beamter trat auf sie zu, ob sie jemanden suche; nachdem sie Namen und Umstände genannt, antwortete er, eine Liste durchblätternd, er könne ihr die zwar immerhin betrübliche, in Ansehung der Verhältnisse dennoch tröstliche Mitteilung machen, das Kind liege, wenn auch verletzt, so doch vorerst gerettet, im Krankenhaus, Zimmer sechzehn, zweiter Stock. Da tat die Frau, als höre sie das zum erstenmal, nickte und ging. Sie hatte keinen Mut mehr, den Beamten nach dem

Schirm zu fragen, wie sehr er ihr auch am Herzen lag. Im Weggehen hob sie einen vollen Büschel Lorbeer auf, der achtlos auf den Boden geworfen schien. Sie wusste nicht, wozu er ihr dienen würde; aber es verdross sie, dass der kostbare Zweig hier verderben sollte. Doch warf sie das Blattwerk sogleich wieder fort, als sie sah, wie es dunkel glänzte von frischem Blute.

Sie stand jetzt wieder auf der Straße, und es war noch keine Stunde vergangen. Sie ging nun doch dem Bahnhof zu und der Unglücksstätte. Der Weg war nicht schwer zu finden, denn Tausende von Menschen strömten hinaus, zu Fuß, im Wagen, mit dem Fahrrad. Bald aber ward der Menge Einhalt geboten. Schutzleute und Ketten von Soldaten sperrten das Gelände ab und die Frau konnte nur zwischen Hüten und Helmen hindurch, das schwarze Gewirr der Trümmer erspähen, das friedlich grauenhafte, das aus der Ferne fast spielerische, an diesem reinen Frühsommermorgen. Die Toten und Verletzten seien alle weggebracht, riefen die Polizisten unaufhörlich in die Andrängenden hinein, Auskunft werde den Angehörigen im Wartesaal erteilt, das Gepäck befinde sich auf dem Friedhof. Hier habe niemand etwas zu suchen.

Dies war wie auf sie allein gemünzt, spürte sie, als es

149

ihr ein Wachtmeister, scharf vor Überanstrengung, dicht und drohend ins Gesicht schrie, ohne sie freilich zu meinen, und es erschreckte sie, dass gerade sie hier nichts zu suchen hätte. Da folgte sie wie einem persönlichen Befehl und ließ vorerst die Hoffnung fahren, noch zu ihrem Eigentum zu kommen. Überdies war es an der Zeit, sich im Krankenhaus wieder einzufinden.

Jakob wachte auf, nur für einen kurzen, klaren Augenblick. Er war wie völlig ausgeruht, leicht wie ein Federfläumchen und ganz ohne Schmerz. Am Bett saß die Tante Berta, auf die Nachricht von dem Unglück eilig herbeigereist; und in der Hand hielt sie den Regenschirm, den sie mitgebracht hatte. Da ging ein Lächeln und ein Leuchten über Jakobs Gesicht, und er griff nach dem Schirm, der kein Unhold mehr war, sondern ein trostreicher Gast, geliebt und willkommen, ein starker und sicherer Führer in die Finsternis. Und nun trat auch die Mutter ein. Sie sah zuerst – und es konnte gar nicht anders sein – den Schirm liegen, groß und schwarz auf der weißen Bettdecke. Da lag er, unversehrt, der Regenschirm, den sie vergeblich gesucht hatte. Und da musste ja auch ihre erste Frage sein, wo denn der Schirm herkomme; und die Schwägerin gab Antwort ohne Arg, der Bub habe ihn draußen bei ihr stehenlassen. Die Mutter sagte nur: »So!« und sonst nichts. Aber es waren Himmel und Höllen ihres armseligen Herzens in diesem einen Wort und der Widerschein vieler Gedanken zog über ihr Gesicht. Die Tante Berta aber hatte all das schon nicht mehr wahrgenommen. »Schau nur, der Bub«, flüsterte sie in einer jähen Angst und beugte sich vor. Da sah es auch die Mutter, dass Jakob spitz und fahl wurde. Und sie wusste, dass er jetzt tot war.

Und somit schloss sich der Kreis, der ein kleines Schicksal geheimnisvoll an ein großes knüpfte. Denn, dass der brave Herr nicht mehr gelacht hatte damals, sondern tot war und mit Schweißfeuern aus dem Fenster hatte geschürft werden müssen; und dass das blumenfrohe Fräulein die schweren, entstellenden Narben auf der Stirn trug, seitdem; und dass das grässliche Unglück mitten im Mai viele Gräber aufgetan hatte – das waren schon andere Geschicke, vielfach ineinander verflochten und doch so fremd wie alles in diesem rätselhaften Leben.

Die Heiliggeisttaube

JOSEPH SCHLICHT

Von einem Geiste werden wir Menschen regiert. Das weiß der katholische Bayer aus der Glaubenslehre und aus der Erfahrung, die er mit sich selbst und andern Menschen macht. Regiert uns nicht der heilige Geist aus den lichten Höhen des Himmels, nun so regiert uns dafür der unheilige Geist aus den dunklen Tiefen des Abgrundes. Er fährt uns in Seele, Sinn und Denken, Aug und Ohr, Sprache, Hände und Füße: solch ein Mensch ist dann bös wie der Teufel.

In der Familie des katholischen Bayers, weil er sie unermüdet gnadenreich entsündigt und heiligt, hat sich eben darum der erhabene Gott des Trostes einen dauernden Ehrenplatz erobert. Das Pfingstfest, als die jährliche große Huldigung, welches das Volk der Christen der dritten Gottheitsperson darbringt, ist denn auch umrankt von mehreren hochfestmäßigen Bräuchen in Haus, Kirche und Dorf.

Die Morgenstunde führt Gold im Munde und der

faule Siebenschlaf bringt sich im ländlichen Bayernhause überhaupt niemals zu Ehren. Und nun gar am hochheiligen Festtage der flammenden Zungen das Frührot verschlafen, das gilt mit Recht als Volksschande. Auf Grund dessen belebt der Pfingstmorgen das Bayernhaus ganz eigenartig: wehe dem, das zuletzt aus den Federn kriecht, es ist der »Pfingstl« und fällt dem spottenden Scherze anheim. Ist das Hochamt zu Ende, so weiß man auch schon aus jedem Hause den Pfingstl und sind dieselben beim festtäglichen Mittagsbraten der Tafeldiskurs.

Nach zwölf Uhr bläst und schnalzt der Hirte durch die Dorfgasse; alle Augen wenden sich heute nach der Viehherde.

Und richtig, da stolziert schon eine alte Kuh einher mit dem so genannten »Pfingstkranz« um den Hals. Der bayerische Dorfhirt muss nämlich gar viel schlucken im Jahre, nicht bloß Sturm und Regen, Frost und Hitze, sondern auch allerhand Plackerei durch saumselige Dirnen. Aber am Pfingsttage kommt seine Zeit. Er hat den Spottkranz gewunden und wem er denselben heute auftischt, das weiß er schon längst. Er hängt zwar der Kuh den Pfingstkranz um, allein der Dirn gilt's: sie ist damit als die Faulste des Dorfs an den

Pranger gestellt. Man deutet spottend mit den Fingern nach ihr und die ganze Welt weiß nun, dass sie die langsamste Dirn ist, die dem Hirten den größten Ärger macht, weil sie, wenn er austreibt, niemals mit ihren Kühen zu rechter Zeit sondern immer hintendarein kommt wie der Kirmstrick. Die oberbayerische Ilm besonders kennt den Pfingstkranz; er ist geflochten aus Feldblumen, jedoch die Hauptrolle spielt das Kalmus mit seiner gelb leuchtenden Blüte und dem grün glänzenden Schwertblatte.

In die Vesper strömt Groß und Klein: man sieht ja heut die Heiliggeisttaube hernieder schweben. Etwas nach zwei ist zusammengeläutet. Alle Augen blicken nach der Rosette, welche das Gewölbe durchbricht; ihr Hauptzweck ist, die Kirche zu lüften, der bayerische Bauer nennt sie aber das »Heiliggeistloch«.

Schon tritt der Pfarrer, angetan mit dem hochfesttäglichen Rauchmantel und umgeben von seinen vier Ministranten, unter die Rosette und betet in dem feierlich angestimmten lateinischen Hymnus »Veni Sancte Spiritus: Komm, heiliger Geist!« Der Orgelspieler entnimmt seinen Tasten die akkordreichsten Klänge, das katholisch Kirchenlied vom heiligen Geiste schallt himmelwärts und der Dorfwagner als angestammter

Maschinenmeister bringt vom Dachstuhl heraus die Pfingsttaube ins Schweben. Nun tritt sie in den Bereich der Augen. »Da heili Geist!«, flüstert die halbe Kirche in brennender Begierde.

Es ist die anmutig geschnitzte und gemalte Taube, die, als Symbol des heiligen Geistes, zu Häupten des Predigers sonst den Schalldeckel der Kanzel ziert. Unter der goldglänzenden Strahlenscheibe die Fittiche lieblich ausgespannt, schwebt an der festlich roten Ampelschnur die Pfingsttaube zur Erde, durch den Druck der Hand je tiefer herabkommend, desto weitere Kreise geheimnisvoll ziehend. Nun werden, in Gestalt seiner Erscheinungstaube, dem Tröstergott aus den seligen Höhen des Himmels mit dem Weihrauch die göttlichen Ehren erwiesen und nachdem das Gebet des Lobpreises, der Bitte und des Dankes an ihn gerichtet worden, schwebt die Pfingsttaube in immer kleineren Schwingungen wieder hinauf, bis sie in die Rosette hinein den Blicken entschwindet.

Und während das erwachsene Pfarrvolk schaute, was tat das ameisenrege Völklein der Kinderwelt? Da sieh, Schmiedmeisters Knabe steht zuhöchst auf der Brustlehne des väterlichen Kirchenstuhls und gebärdet sich, als wolle er stracks der Pfingsttaube nach. Und nur gar

Pommersbauers rot- und breitbackiges Linchen, die schiebt sich mit der einen Hand ein riesiges Stück Lebzelten in den Mund, mit der andern dagegen rudert und fliegt sie freudestrahlenden Augs der Heiliggeisttaube nach, selbst während der Vesper noch. In jedem Jahre dieselbe Zeremonie; und jedes Mal übt sie ihre geheimnisvolle Zugkraft auf Kind und Erwachsen aus. Das Christentum ist eben Schauspiel und Gnade zugleich.

Die tugendfeste Jungfrau ist die Blume derjenigen Religion, welche der heilige Geist mit seiner allfegenden Glut durchatmet. Niemand schändet darum so gröblich die Ehre des heiligen Geistes, als wie jene bayerische Evastochter, die zum Leichtfuß entartet und die christlich holde Schamröte abwirft. Sie verfällt denn auch am Pfingstfeste einem eigenartigen derben Volksgericht: in tiefer Nachstunde stellen ihr die Burschen einen strohernen »Pfingstlümmel« vor ihrem Fenster auf. Sie ahnt nichts; bis sie ihn aber morgens gewahrt und wegräumt, zischelt sich die ganze Mädchenwelt schon ins Ohr: »Je, dö hat gar an Pfingstlümml kriagt!« Des Spottes ist kein Ende. So sehr ein solches Volksgericht nach dem Faustrechte schmeckt, eins ist jedenfalls auch richtig: der Tugendhaften wird kein Pfingstlümmel aufgestellt.

Der heilige Geist hat also seit undenklicher Zeit in der guten christkatholischen Bayernfamilie sein wohl gesichertes Ehrenplätzlein. Aus greifbaren Gründen: in jenem glücklichen Hause, über welches die dritte Gottheitsperson ihre perlenwerte Siebengabe ausschüttet, ist Weisheit, Rat, Starkmut, christliche Unterweisung und Frömmigkeit in Sinn, Wort und Tat; dagegen jene unselige Familie, aus welcher der heilige Geist flieht und in welcher nunmehr der böse Geist schaltet, ist angefüllt mit Torheit, Unverstand, Sittenfäulnis, Unwissenheit in religiösen Pflichten und Gottlosigkeit des Lebens. Wie sollte sich da unser Volk nicht mit dem heiligen Geist vertraut machen?

In den ländlichen Bayernstuben hängt darum vor dem Hausaltärl die Heiliggeisttaube in Glas eingeschlossen von der Decke. Zu ihr blickt die katholische Familie glaubensfromm auf und betet zur dritten gnadenreichen Gottheitsperson, die sich geoffenbart hat in Gestalt der schwebenden Taube.

Redet der Bayer vom heiligen Geist, so nimmt er gar niemals die Flammenzunge sondern stets die Taube. Als sich kürzlich erst zwei Bauern im Niederbayerischen zerschlugen, weil jeder der Gescheitere sein wollte in Sachen einer großen Dorfangelegenheit, da

157

sagte endlich der wirklich Gescheitere, der brave ehrenwerte Wirt, zu seinem Gegner im Tone schweren Unmuts: »No jetzt, an heilinga Geist hast ja du den net a no nöt gfressn, sunst stand dir sei Schwoaf zum Maul raus!«

QUELLENVERZEICHNIS

Texte

Heinz Erhardt, Löwenzahn. Aus: Das große Heinz Erhardt Buch
© 2009 Lappan Verlag GmbH, Oldenburg

Heinz Erhardt, Ein Ostergedicht. Aus: Das große Heinz Erhardt
Buch, © 2009 Lappan Verlag GmbH, Oldenburg

Josef Guggenmos, Warum Frau Kuckuck ihre Eier in fremde Nester
legt. Aus: ders., Was denkt die Maus am Donnerstag? © 1998
Beltz & Gelberg in der Verlagsgruppe Beltz, Weinheim & Basel

Erich Kästner, Der Lenz verschiebt seine Premiere. Erschienen in:
Gesammelte Schriften, Bd 1, © Atrium Verlag Zürich und Thomas Kästner

Erich Kästner, Die Entlarvung des Osterhasen.
© Atrium Verlag Zürich und Thomas Kästner

Ephraim Kishon, Kleine Frühjahrsreinigung. Aus: ders., Drehn Sie
sich um, Frau Lot, © 1961 by LangenMüller in der F.A. Herbig
Verlagsbuchhandlung GmbH, München

James Krüss, Der Mai und die Kinder. © James Krüss Erbengemein-
schaft

Eugen Roth, Märzhimmel. © Dr. Thomas Roth

Erwin Strittmatter, Der Star und sein Weib. Aus: ders., Wahre
Geschichten aller Ard(t). Aus Tagebüchern. © Aufbau Verlag GmbH
& Co. KG, Berlin 1990 (dieses Werk erschien erstmals 1990 im
Aufbau-Verlag; Aufbau ist eine Marke der Aufbau Verlag GmbH
& Co. KG)

Karl Valentin, Der Kommunionanzug. Aus: ders., Gesammelte
Werke, © 1985 Piper Verlag GmbH, München

Bilder

Paginierung: © Catabu/Fotolia.com
Kapitelanfangseiten: © sunnyfrog/Fotolia.com
Illustrationen: © BEBYFON/Fotolia.com und Actomic/Fotolia.com

Wir danken allen Inhabern von Text- und Bildrechten für die Abdruckerlaubnis. Der Verlag hat sich bemüht, alle Rechteinhaber in Erfahrung zu bringen. Für zusätzliche Hinweise sind wir dankbar.